OHSAMA BUNKO

神さまとつながる開運の作法

暁 玲華

三笠書房

はじめに……古神道が教える清々しく開運していく方法

私はこれまで、長年の古神道《こしんとう》の研究で培《つちか》った知識と、その思想を学ぶ過程で開花させた「透視・霊能力」、建築や風水的知識を活用した「場の運気を読み解く察気《さっき》力」によって、多くの開運コンサルティングを手がけてきました。そして、朝日カルチャー講座で十五年以上ほどパワースポットのご紹介を続けており、「アマテラスアカデミー」という古神道の教えを基本としたセミナーも主宰《しゅさい》しています。

また、老荘《ろうそう》思想や陰陽五行《いんようごぎょう》思想、神仙《しんせん》思想や仏教の教理があわさった神仙道の実践者でもあり、開運と招福を願う方々に「霊符《れいふ》」（霊験《れいげん》のあるお守り）を書いて差し上げたりもしています（この本では、手に取ってくださった読者のために、幸運を呼ぶ最強の霊符の一つ、「五岳真形図《ごがくしんぎょうず》」を巻末につけています）。

私のもとにご相談に見えたり、講座を受講されたりする方々は、企業の経営者や医師、アーティストや芸術家、学校の先生や公務員、会社員や子育て中の主婦の方まで、職業も年齢も本当にさまざまです。

そうした方々が、ちょっとした気づきやきっかけから人生を大きく飛躍させていく瞬間に立ち会えることが、この仕事を続けていく大きな喜びとなっています。

さて、ものごとには「要《かなめ》」というものがあることを、みなさんもご存じでしょう。

要所であり、急所であり、最も大切なポイント、という意味ですね。

そして、私がこの本でお伝えしたいことの一つが、人生の「要」について。

それは、私たちが順境の時も、難運の時も、それぞれの瞬間で、**神さまからの試しを受けている**、ということです。

わかりやすく言えば、私たちにはいつでも、**神さまからサインが送られてきているのです。**

「あなたは今、どのような選択をするの？　それで本当にいいの？」と。

「神さまから試されている」というと、なんだかむずかしそうと身構えたり、神妙な面持ちになってしまったりする方もいるかもしれませんね。

でも、はじめは「あ、これは神さまからのサインかな……？」と、気づくだけでもいいのです。この**「気づき」**が得られるだけでも、人生は面白いほど好転していきます。

「気づき」を得るためのチャンスは、至るところにあります。

たとえば、この本では、訪れるだけで清々《すがすが》しい気持ちになり、いいエネルギーをいただける神社、パワースポットをたくさんご紹介していますが、ぜひ機会を見つけて参拝してみてください。きっと、ふとした瞬間に「気づき」を得られることが確実に増えていくはずです。

神道では、人の魂を「青人草《あおひとくさ》」と、植物にたとえた言葉で表現します。植物が生長するまでには一定の時が必要ですが、私たちも自分を活かし、他人を守ることができるような人になるには、さまざまな試練を乗り越える経験も必要で、それなりの時間がかかります。

ですから、あまり焦《あせ》らずに、ゆったりした気持ちで本書に書かれたことを少しずつ実践してみてください。

小さなアクションを積み重ねていくうちに、いつしかあなたの人生が、とても実り多い、素敵なものに変わっていることに気づけるはずです。

すべてのことは、「自分を変革しよう」という気持ちからスタートします。

「自分を変える勇気」が未来を変えていくのです。

ぜひ、楽しみながらチャレンジしてみてください。

暁 玲華

目次

1章

「神さまとつながる」とは？

――「サイン」に気づいた人から開運します

2章

「神さまのご加護」を受けやすい人

――人生に〝いい循環〟を起こすには

3章

いつでも「明るいほう」へ歩む人

――「感情」と「運気」の不思議なつながり

4章

「起こること」には、意味があります

――その経験を「糧」にしていくために

5章 「奇跡が起きるしくみ」に気づく
――現実世界を好転させる不思議な力

1章

「神さまとつながる」とは？

――「サイン」に気づいた人から開運します

「神さまのご加護をいただきたい！」と思ったら

「どうして、こんなことになってしまったんだろう」

と悩んでしまう時。

「どの道を進めば幸せになれるのだろう」

と迷ってしまう時。

「なんとなく最近、ツイていないよな」

と感じる時。

こんな時、みなさんはどうされていますか？

親しい友人や信頼できる人に話を聞いてもらう人は多いと思います。

なんとか現状を好転させようと神社にお参りをしたり、あるいは占いなどの手段でこれから先のことを知ろうとしたりするかもしれません。

「目には見えない運」に気づく瞬間

いつの時代も、人は今よりもっと幸せになりたい、現状を好転させたいと願うもの。

科学技術がこれだけ発達した現代でも、神社やお寺に熱心にお参りする人、おみくじを引く人の姿は絶えません。

神仏や占いに頼りたくなるのは、人間の本能なのでしょう。

その一方で、「困った時の神だのみって、どうなの?」と思う人もいるかもしれません。

ですが、「目には見えない存在」に手を合わせ、祈る人々の姿を目にするたびに、私はこう思うのです。

人生の大切な場面で、
「神さまのお導きがほしい」
「見えない存在に守っていただきたい」
と願う本能が、現代人に残っていてよかったな、と。

なぜなら、「もう、どうすればいいのかわからない」と思ってしまうような時、それはまさしくその人がワンランク上の自分になれるかどうか、**「神さまに試されている」時**だからです。

そしてまた、**目には見えない運や、エネルギーの存在に気づくことができる瞬間**でもあるからです。

それはどういうことなのか、次項で説明していきましょう。

この世で一番大切なもの――あなたの「魂」について

人のエネルギーの中心にあるのは、いわゆる「魂」といわれるものです。魂は、その人自身を司《つかさど》る本質的な存在といえるでしょう。それは、肉体の中だけにとどまらず、宇宙のエネルギーともつながっています。

つまり、私たちは、誰もが「宇宙のエネルギー」と同質の「魂」を持っているのです。

この「魂」は人がこの世に生まれ落ちる時、神さまと同じように完全な存在として私たちに宿るとされています。

魂の性質やエネルギーのレベルは人によって違いますが、一生変わらないものではありません。日々生きていくことが魂の成長していく過程であり、前世からのカルマを解消したり、逆に新たなカルマをつくったりすることで、魂のレベルは上がったり下がったりと変化していきます。そして、磨かれ続けた魂が、強い光を放つようになるのが理想です。

ちなみに「カルマ」とは、その人の思いや行ないの結果として蓄積される「業《ごう》」による宿命のことです。「よいことも悪いことも、すべては自分に返ってくる」というカルマの法則を聞いたことがある人もいるでしょう。

普段の生活の中でマイナスのカルマを解消し、プラスのカルマをつくれば魂のエネルギーのレベルは上がり、反対に、マイナスのカルマを新たにつくってしまうと魂のエネルギーのレベルは下がってしまいます。

ですから、運をよくしたいなら**「魂」のエネルギーを上げる生き方**を心がけることが大切です。

しかも、そのような生き方を続けていくことで業になるような心のクセが取れ、運気は安定していきます。魂が成長することで、その場限りの一時的な運のよさに止まらず、人生のあらゆる面において運気が底上げされていくのです。

その「違和感」をスルーしないこと

スピリチュアルな考え方に関心のある人なら、「魂を磨く」「魂を光らせる」といった表現を見たことがあるでしょう。これは「魂が成長すること」「魂のエネルギーを上げること」と同じ意味です。

そして「魂のエネルギーを上げる」きっかけは、あらゆるところにあります。

実は、予期せぬトラブルやくり返す失敗などは、その典型です。そうした時「もしかしたら、私は今、神さまからサインを送られているのかも……？」と気づけるかどうかなのです。

神さまからのサインに無自覚でいる時、あるいは「自分が何を試されているのか、その意味がわからない」時、残念ながら「運」は停滞したままです。

神さまからの試験をパスできない状態がずっと続いている、と言ってもいいでしょう。

だからこそ、少しでも運勢をよくしたい、この人生を存分に楽しみたいと思うなら、**「うまくいかないこと」「違和感」などの形で自分に送られてくる神さまのサイン（何を試されているのか）を見過ごさない**ことです。

たとえば、あなたがもし、にっちもさっちもいかないような状況にいるのであれば、それまでに何度も何度も、サインは送られてきていたのに、あなたが気がつかなかったのかもしれません。

そこで、「これで気がつかなかったら、軌道修正できなくなるよ」ということを知らせるために、神さまは、かなりインパクトのある体験をさせて、あなたの注意を引こうとするのです。

それでも気づかなかったり、あるいは目をつぶってスルーしたりすると、どんどん波瀾万丈《はらんばんじょう》な人生を送ることになっていきます。

もちろん、それはそれで人生の「貴重な学び」となるのですが、そこから挽回《ばんかい》するには大変な道のりが待っていることでしょう。

でも、たとえそうなったとしても、あなたがそこに何かのサインがあると気がつくことができたら大丈夫。運気はそこからV字回復していきます。

魂を磨く「絶好のタイミング」とは？

「神さまからのサイン」に気がつくと、実はしんどい状況にある時だけでなく、いつでも、どんな時でも、私たちの人生には「見えない存在」が介在していること、見守ってもらっていることがわかってきます。

そして、たくさんの**「慈愛にあふれたサイン」**が送られてきていることを実感するようになります。

また、何かが起こるたびに、「あ、今、開運のチャンスが降ってきている」と思えるようになるでしょう。

こうなると、あなたはもう、「神さまと共に生きる人生」を歩んでいるのと同じ。そして、日々「魂」のエネルギーを高めるように生きられるのです。


私たち、人の性格には、たとえば「人の意見に耳を貸さない」「支配欲が強い」「我慢ができない」「依存心が強い」など、それぞれクセのようなものがあり、これによって、ちょっとつらい状況を引き寄せてしまうことがあります。

それらの性格のクセは、その人が積み重ねてきた前世でのカルマや、今世でのトラウマなどの根深い感情や思考によって形成されている場合が多く、そのクセを直すのには、かなりの努力が必要になります。


それでも、「一見すると、つらい状況」にあなたを置くことで、神さまは、

「今、あなたの心のクセを直して魂を磨くタイミングだよ、カルマ解消の絶好の機会！」

ということを教えてくれているのです。

そして日々、ふとした瞬間に「あ、神さまに試されているかも」と気づけるようになると、運命が面白いように好転していきます。

そのことが腑《ふ》に落ちると、毎日が実は奇跡の連続で成り立っているという、**「神しくみ」**（神さまの巧妙なしくみ）の素晴らしさに感謝したくなるはずです。

「日常の何気ないこと」から開運していくために

神さまのサインに気づく一番簡単な方法は、自分の言動を省《かえり》みることです。そして、これは心や性格のクセに気づき、魂のエネルギーを上げる行為でもあるのです。不思議なのですが、頭の中だけで「性格を変えよう」といくら思っていても、実際にはなかなか思い通りにはいきません。なぜなら、自分の「本性」や「心のクセ」を自覚するのは、それなりに難しいからです。

でも、何気ない瞬間に、ふと湧いてくる感情や心のつぶやきには、あなたの本性や心のクセが現われます。ですから、普段から自分の「心の動き」や「心のつぶやき」に、意識を向ける習慣を持ってほしいのです。

運気の流れを滞らせる「心のクセ」

たとえば、母親から電話がかかってきて、

「ご飯、食べている？　ちゃんと眠っている？」

と心配された時に、

「うるさいなぁ」

と思ってしまった……。

こんな時、「あ、もしかして、神さまに試されているかも？」という意識があって、自分のぞんざいな言動を省みることができれば、**「自分のことを気にかけ、心配してくれている人への感謝を忘れがちな自分の心のクセ」**に気がつけるのです。

もし、この電話が「母親との最後の会話」になったとしたら、どうでしょう。なげやりな受け答えですませてしまったこと、自分のことを気にかけてくれていた言葉に感謝しなかったことを、悔やむにちがいありません。

このように、そんな場面ではじめて気がつくことのないように、日常の何気ないことを通して、神さまはサインを送っているのです。

また、通勤電車で足を踏まれてムカッとしてしまい、その日一日を不機嫌なまま過ごしたとします。イライラしたせいで、仕事で大きなミスをしてしまい、上司にも叱責《しっせき》されてしまった……。

ここでも、**「ムカッときた時に、すぐに感情的になって、それを引きずってしまうのが自分の心のクセだ」**と気がつくことができれば、すぐに相手を許して機嫌を直すことができるでしょう。

足を踏まれたことも**「不運は小さなことから起きるから気をつけなさい」**という神さまからのサインだと受け止めれば、それは幸運のサインとなるのです。

このように、普段から「自分の感情」「ふと思うこと」や「自分に起こった現象」を見つめるようにすれば、自分の「真の姿」(本性)を知ることができるのです。

こうした日々の「気づき」によって、人生はいかようにも変えていくことができます。そして、魂は磨かれ、魂のエネルギーのレベルが上がって、人生が全体的に上昇していくのです。

なぜ「今、この一瞬に魂を賭ける」人は美しいのか

「魂のエネルギーのレベルが上がる」とは、言葉を換えれば「その人自身が、より自分らしさを輝かせて生きる」ということです。

それはまた、「神さまとのつながり」あるいは「壮大な宇宙エネルギーとのつながり」が強化されるということです。

すると、体験することの一つひとつに「神さまの存在」を感じるようになり、気がつけば、**「生きているだけで、うれしくて仕方がなくなってくる感覚」が心の深いところから湧いてくる**でしょう。毎日が「チャンスの連続」となり、魂はさらに磨かれて、どんどん人生が楽しくなってきます。

そして、「自分を高めてくれるものは何か」を感じ取る感性が研ぎ澄まされていき、**「今、この一瞬に魂を賭ける」感覚**がつかめてくるのです。ものごとに真剣に取り組むようになり、そのことにまた「至上の喜び」を感じるようにもなっていきます。

「今、この一瞬に魂を賭ける」感覚を持つことは、日本では古来、美徳とされていて、神道でも重要な概念となっています。

また、「魂のきらめきを感じさせるもの」は、日本の文化においても価値を置かれてきました。

花器に活《い》けられた花の美しさ、茶道のお点前《てまえ》における振る舞いの美、香炉《こうろ》からたちのぼる香りの広がり、日本料理のあざやかな包丁さばき。

これら「達人の技」と呼ばれるものは、「この一瞬に魂を賭けている」という彼らの内面の喜びが、その指先から放出されているからこそ生み出せるもの。

魂のきらめきこそが、稀有《けう》な美を紡《つむ》ぎ出しているのです。

「運命の波」をサーファーのように楽しむコツ

「神さまのサイン」に気がつくことで、魂が磨かれていき、あなたの運が向上していく――。

そのように書くと、神さまはどこか見えない空の上にいて、特別な存在のように思うかもしれません。ですが、先にも少しふれたように、私たちの魂は、「宇宙の大元のエネルギー」といつでもつながっています。

そう、実は魂自体が神さまであり、私たちの中には神さまが存在しているのです。

日本人は目を閉じ、手を合わせて「神さま、仏さま」に祈る習慣があります。

「何かわからないけれど、ありがたいもの」に対して漠然と祈っている時、不思議とリラックスできたり、自分の中の深い部分とつながっていることを感じたりすることがあると思います。

心を落ち着けて祈っている時の静かな感覚。それこそが、まさに「神さまである魂」とつながっている証《あかし》です。

とはいえ、「自分自身の魂が神さまなんだ」とは、なかなか思えない人がほとんどかもしれません。

では、神社などにお参りする時、私たちは何に向かって手を合わせているのでしょうか。

実は、神社の拝殿には、鏡が祀《まつ》られています。

お賽銭《さいせん》を入れて、二礼二拍手して手を合わせている時、私たちは鏡に向かって祈っているのです。その時、鏡に映っているのは自分（の魂）です。つまり、**神社で祈る時、私たちは自分の中の神さまと向き合っている**わけです。

あなたは自分の人生の「創造主」なのです

神道では宇宙の中心をなす神、天地開闢《かいびゃく》の時に高天原《たかまがはら》に現われた元始神を「天之《アメノ》御中主神《ミナカヌシノカミ》」といいます。神々の世界を統括する宇宙最高神です。

このアメノミナカヌシから、「八百万《やおよろず》の神」と呼ばれるように多くの神々が生まれました。

「八百万＝無数」という意味ですが、神さまを数える時は「柱《はしら》」という単位を用います。そして実は私たちの「魂」も、その一柱なのです。

宇宙の大元の神さま、アメノミナカヌシを含む造化《ぞうか》三神《さんしん》は「創造主」なので、できないことがないくらい万能といえるでしょう。そして、私たちの「魂」は、そのアメノミナカヌシの分神であり、それぞれに独特の個性と創造性があるのです。

太陽のように自ら発光する星を恒星《こうせい》といいますが、人の魂も本来は恒星のように自ら光を放ち輝いています。

間違っても、誰かの夢を生きたり、誰かの支配下で生きたりする存在ではありません。

でも、残念なことに、自信のなさや自尊心の低さ、あるいは社会状況などから、多くの人が自ら光を放つことができない惑星《わくせい》のような生き方をしてしまっています。

しかし、今は惑星のように生きていたとしても、自分の中にいる神さま（魂）を自覚し、磨いていくことで、恒星のように光り輝いて生きていくことができると私は信じています。

そうなったら、世の中のあらゆるものから自由になり、人生の運命の波もサーファーのように楽しみながら、軽快に生きていくことができるでしょう。

誰の中にもいる「主護神」という存在について

私たち一人ひとりの中にいる神さま（魂）のことを、**「主護神」（ハイヤーセルフ）**といいます。私はこれまで二十年程、人の魂の姿、つまり「主護神」を見るセッションをしてきました。

主護神は、ファンタジーの世界に登場する精霊のような現実離れをした姿で、うっすらとした透明感を持って、その人の背後に現われます。

私たちはみな、それぞれが自分だけの「人生の目的」を持って生まれてきます。

つまり、みな「生まれてきた意味」を持っていて、私たちの主護神はそれを象徴するかのような姿形をしていたり、特徴的な衣装を身にまとったりしています。これまで多くの人の主護神を見てきましたが、同じ姿をした主護神を見たことはありません。

「自分らしく輝く」とはどういうことか

たとえば、歌手デビューしたばかりのAさん（二十一歳）の主護神は、背景に七色の虹を背負い、歌声でまわりの動物たちを喜ばせている天使のような女神でした。この方は、「自分の生まれてきた意味」（歌を通して自分を表現することで、多くの人々に希望を与えること）に早い時点で気がつき、若くしてメジャーデビューに到ったのです。

また、スピリチュアルや仏教の本を多く手がけているライターのBさん（四十五歳）の主護神は、大きな金の冠をかぶり、金のドレスを着て、長い巻物を持っていました。仏教の菩薩《ぼさつ》のような雰囲気で、背景にはチベットの山々が控えており、徳の高さがうかがえました。

巻物は記録を表わすものですが、彼女には「人々の心を幸せにする知恵を伝える役割」があるのでしょう。

スピリチュアルカウンセラーを目指しているCさん（三十五歳）の主護神は、山の中腹で笛を吹く巫女《みこ》のようでした。

笛を吹いているのは月夜で、孤独と向き合っているような姿でした。本来Cさんは花々の咲く丘で草花を愛《め》でながら、神々の存在を感じて幸せに生きる感性の方なのでしょうが、主護神が月夜にいることで、今のCさんの状態が幸せとはいえないことが感じられました。

実際、Cさんは「この先、どんなふうに生きていったらいいか、わからない」と希望を失って自分探しをしており、私のところに相談に訪れたのでした。

このように、私たちの主護神の姿は人それぞれで、中には、未来や宇宙から来たのだろうかと思われる姿や、古代の神さまのような姿の主護神もいて、セッションの度《たび》に感銘を受け、とても不思議な気持ちになります。

エゴが減るほど魂の輝きは強くなる

どの方の主護神も、その人の本性、あるいは「奥に眠る姿」だと思うのです。自分の魂の姿に気がついている人の多くは、主護神の姿と本人の実際の姿が似ています。一方、主護神の姿が本人とはかけ離れている人もいます。その人が日々、自分の魂とどのように向き合っているか、生き方が透《す》けて見えてくるようで興味深いものです。つまり、主護神と本人の見た目は似ているほうがよいのです。

「自分はいつでも、神さまから試されている」ことに気づき始めた人は、「自分さえよければいい」といったエゴが減っていきます。そして、自分を活かすことでまわりの人、世の中のために貢献したいという気持ちが強くなっていくでしょう。

そうした心意気を持った上で、さまざまな経験を積み、魂を磨いていくと、「人生の目的」に沿った生き方ができ、きっと「見た目の雰囲気」も「魂の姿」に近くなっていくはずです。

そして、これだけは特に強調したいのですが、これまで多くの方たちの主護神を見てきましたが、**どなたの主護神も個性的で、リアルで、そして素晴らしい存在に**見えました。

ですから、みなさんには、まず「私の中には、すばらしい神さまがいる」という自尊心を持ってほしいのです。

今、あまりさえない日々を送っているとしても、大丈夫。

どんな人でも「神さまである魂」が生き生きと輝いている姿を想像できますし、神さまにいつでも見守られていることに気がつくだけで、主護神の姿に自分の姿が近づいていくのは、そんなに先の未来でもないように思えるのです。

あなたの〝得意分野〟を決めている「四種の神さま」とは？

ここまで説明してきたように、私たち自身に生まれた時から宿る「魂」は、「主護神」もしくは「内在神《ないざいしん》」と呼ばれ、その人自身の主体でもあります。

くり返しになりますが、この「魂」を磨き、輝かせることが、私たちの生きる意味であり、結果として幸せな人生を生きるただ一つの道です。

人がまず、つながるべき神さまとは、この「魂」（主護神、内在神）のことです。

私たちの「魂」には、人それぞれ特徴があります。そして、あなたの「魂」をサポートして、可能な限り生まれ持った使命に気づけるよう導いてくださる存在が、古神道で「一霊四魂《いちれいしこん》」という言葉で表現される、四種の神さま（荒魂《あらみたま》、幸魂《さきみたま》、和魂《にぎみたま》、奇魂《くしみたま》）です。ちなみに一霊とは魂のことで「直霊《なおひ》」といいます。

荒魂は「勇気」の、幸魂は「愛」の、和魂は「親和」の、奇魂は「智」の力を持つとされ、四種の神さまにどのようにサポートされるかによって、その人が興味を持つ分野や得意分野などが決まります。

「ご先祖さまの見守り」はかくも奥深い

また、私たちをお守りくださる神さまには、幼少時から寿命まで守ってくれる**「先祖神」**というありがたい存在がいます。

先祖神は、私たちが日々をつつがなく生きていくことができるよう、現実をサポートしてくれる神さまです。七代以上前の先祖で、約二百年以上前に生きていた人霊ですが、再びこの世に生まれ変わる時の「直前のお役目」として、子孫を守ってくれるといわれています。

普段は左肩と右肩のあたりで、それぞれ見守ってくれています。

ちなみに、**「左肩の先祖神」は、健康や結婚、財運などの生活**を見守ってくれています。慈愛に満ち、ただ私たちを助けてくれるので、本当に困って苦しい時は、この神さまは頼もしい存在です。「母方の先祖」である場合が多いのですが、実際、母親のような存在でもあります。

魂の導きから逸《そ》れることが続くと、重い病気を患《わずら》ってしまうのですが、この先祖神がはたらくことによって気づきが得られ、助けてもらえることがあります。

一方、**「右肩の先祖神」は、行動や人脈、仕事など社会的な活動やステータスなどを守護**してくださる神さまです。父親のように「仕事の手助け」や「導き」をしてくれています。

「先祖神の守りが強い人」は、不運から守られています。

「神さまとのつながり」や「魂の輝き」を意識せずとも「社会的に成功する人」がいますが、そういう人は先祖神の守りが強いのです。

「天命」に沿って人生を組み立てるために

私たちがこの世に生まれてきたことには意味があります。その生まれてきた意味を**「天命」**と呼びますが、この天命を生きている時、私たちは心になんともいえない充実感を覚えます。

そして、似たような性質を持つ魂は、同じような天命を持っています。そして、そうした似通った魂たちは、**「魂の系統」が同じ**といえます（私は、「同じ霊統主群《れいとうぬしぐん》として分類できる」と表現しています。霊統主とは、似通った魂を統《す》べる神さまと考えてください）。

しかし、才能や能力、生まれた環境などが異なるので、同じような天命だったとしても同じ人生にはなりません。

時代や場所、立場の違い、出会う人によって、天命の活かし方、社会での活躍の仕方は異なります。だからこそ、どのように行動に移し、日々の現実を生きていくか、また使命を果たしていくかが大切なのです。天命の似た人が、それぞれ魂の導き通りに生きたとしても、「人生の組み立て方」は人それぞれ違ってくるというわけです。

素直、前向き、客観性――この三つが肝心要

魂が導く天命を生きる時に大切なのは、**素直になること、前向きな心を持つこと**です。たとえば、現実世界で何か選択をする際、感情まかせにしたり、思い込みが激しすぎたりする人は、「天命」から逸れていることがほとんどです。

自分の深いところからくるメッセージに注意を向けず、感情にまかせた行動が続

けば、天命を生きることができないのはもちろん、魂がつながる宇宙の大元のエネルギーからの見えないあと押しなど期待できない人生になります。

そうならないためには、主護神、内在神である魂が導く方向から外れないこと。自分の天命に近づく生き方ができれば、必ず人生はよい方向へ向かいます。

自分を振り返ってみて、感情的になりやすかったり、思い込みが激しかったりする人は、自分の今の現実世界を、「少し高いところ」から見るつもり、つまり**「客観視する」**練習をするとよいでしょう。

「嫌だな」と思う現実が起こった時に、悲しみや怒りに浸《ひた》るのではなく、そういう現実が自分に起こったことを、「ただ、見る」イメージです。

「あぁ、自分に今、こういう体験がめぐってきた。きっと、何か意味のあることなんだな」

という感じで、まるで他人ごとのように、ただ認め、自分を見つめます。

感情的に「どうしよう」とうろたえてしまうと、「恐れていることが起こらないための策を練ろう」という欲が発生し、「天命」から逸れてしまいます。

ですから、**感情をなるべく浅くとらえて、現実を受け止め、ただ、その体験が起こったことに感動し、起こった現象を見つめてみる**のです。

そうすることで、自分の現状を客観視していけるようになるはずです。

何があっても「現実を淡々と受け止める」

あらゆる体験は、あなたの魂を磨く研磨剤のようなもの。

刺激を受けたり、傷ついたりする経験を通して、精神的に自立した強い自分、心のクセや思い込みが外れた偏《かたよ》りのない自分になれるよう、魂を磨いてくれるのです。

そして、体験はあなたの魂を磨いてくれますが、それに対してネガティブな感情を持ち続けていると、磨くどころか「サビの原因」になってしまいます。

先の項でも書いたように、**何があっても、淡々と受け止める**ことが大切です。

怒りや悲しみ、落ち込みといった感情を長く引きずることのないように、早い段階で切り替えていくことです。

一日中、悲しみにくれていたり、瞬間的にでも怒りが頂点に達したりするようなことがあると、魂がどんどんサビついていきます。

私は「三秒ルール」とか「鏡返し」という言葉を使っていますが、マイナスの感情は、「短時間」で、「鏡が光を反射するように跳ね返す」ことが重要です。

実際のところは、三秒で感情を切り替えるのは難しいかもしれませんが、なるべく早く気持ちを切り替えるには、とにかく現実を淡々と受け止めてください。

逆に言えば、どんなにつらい出来事であろうと、一つひとつの体験を「意味のある神さまからの贈り物」として前向きに（できれば感動しながら）俯瞰《ふかん》してとらえることさえできれば、どんなことも乗り越えていけるということです。

どんな経験も「生きる糧」にできる

新しい時代には、新しい世界が広がり、あなたが体験することも常に更新されています。

今日、困ったことがあっても、明日になったらその状況が一変し、「むしろ、そのことがあって、よかった」と思うことになるくらい、価値観も状況もめまぐるしく変わっていることもあるでしょう。

確かなのは、「自分の魂が望むこと」くらいです。

それさえわかっていれば、自然に、「毎日が新鮮で、どんな体験も楽しい」という心境に到るはずです。

そして、「人生のすべてに意味がある。無駄なことなど一つもない」と実感できるようになります。

すると、どんな過去もどんな経験も、あなたの「自信」の源となり、前向きに生きていくための糧《かて》となるのです。

「好きなことに出会う」という縁に恵まれるには

もし、あなたが今、「夢中になれること」に出会えているのであれば、そのご縁は、それこそ「神さまが与えてくれたもの」なのかもしれません。

好きなことを仕事にする、あるいは今の仕事を好きになれば、多少の逆境は楽しく乗り越えていけるでしょう。

才能が少しくらい足りなくても、「仕事が好き」であれば、努力することそのものが楽しいし、そんなふうに楽しげにはたらいているあなたのことを、まわりも応援してくれるでしょう。

もちろん魂も磨かれていきますから、人によって程度の違いはあるにせよ、おのずと成功していきます。

「好きなことに出会う」という縁に恵まれるためにも、神さまのサインにはアンテナをはっておきたいものです。

今日は何に心が向いて、何を好きだと感じたでしょうか。

なんだかどうしても「気になってしまう」ことはありませんか。

自分の「心の動き」に注目することで、「好きなこと」を見つける感覚が磨かれ、あなたの中の神さまとつながっていくのです。

また、**どんなことにも興味を持ち、楽しめる才能のある人は、最終的によい結果が出やすく、成功体質の持ち主**といえるでしょう。

怒らず、焦らず、慌《あわ》てず、いつも心に余裕を持って、リラックスして楽しんでものごとに取り組む姿勢。いわば、子どもが好きなことに夢中になっている時のようにものごとに取り組む時、魂は力を最大限に発揮できるのです。

逆境をプラスに変えて幸運に導かれる人

環境的な要因などで、逆境の中を生きている人がいます。

しかし、どんな状況も「受け止めて楽しむ」姿勢を貫き、「小さなこと」に幸せを感じることができる人は、必ず逆境をプラスに変えていけます。

そして結局、大きな幸運に導かれるのです。

そんな人は、きっとこう言うでしょう。

「あのことがあったから、今の私がいる」

主護神はあなたとのより強いつながりを求め、「ハードルの高い試し」をもたらすことがあります。たとえば、今の自分にはとても荷が重いお役目や仕事を与えられたり、とても難しい立場に立たされたり、金銭的に大きな責任を持たされたり、といったことを通してです。しかし、そこを乗り越えることができると、**ハードル**

が高い分だけ、何段階も次元を上昇することができます。

「今のままでは、うまくいかないよ」「早く天命に気づいて」と、魂がいち早く次元上昇することを求める時は、病気、ケガなどをもたらすこともあります。

病気になることで、一日一日を生きられることを大切に思い、人生に感謝するようになるので、「魂とのつながり」をはっきり感じることができるからですが、「荒療治的なサイン」といえるでしょう。

また、人を癒す使命を持って生まれてきている人は、心身の不調によってつらい思いをしている人の気持ちを知るために、病気という試練が与えられることが多いものです。そのことにより、苦しむ人により深いレベルで寄り添い、そうした人たちを癒す力を与えられるからです。

「めげずに歩き続ける人」が辿り着く新天地

魂は磨き続けていくことで、輝きを増していきます。すると、自分の内側からエネルギーがあふれてくるように感じ、軽やかな心持ちで生きられます。そして、まわりの人たちへの感謝の気持ちが湧いてきて、それが周囲にも伝わるので、人間関係も温かなものに変わっていくでしょう。

この本を手にしてくださったあなたも、そんな理想の状態になるといいな、と願っています。

もちろん、現実には、「欲」とか「エゴ」が、天命を生きようとする魂を邪魔するので、なかなか順調にはいきません。「三歩進んで、二歩下がる」というように、神さまの試しは続いていきます。

でも、どんな時も自分の中の神さまとつながることを忘れず、めげずに歩みを進めていけば、障害を乗り越えていくことができるはずです。そして、気づいた時には、それまで思いもしなかったような「新天地」にいる自分に気づけるでしょう。

コラム

神社に行くと魂にエネルギーが充填されます

神社には、さまざまな神さまや霊が存在しています。

高次元のエネルギーを持つ神さまから、元々は人霊だった存在まで、さまざまです。そのため、「神社の神霊」という言い方をしますが、神社によって分けていただけるエネルギーの性質が違います。

大きな神社の中でも、パワースポットといわれるような「特別にエネルギーの高い神社」は、宇宙に存在するエネルギーが降り注いでおり、境内《けいだい》にその力が満ちています。

伊勢神宮（三重県伊勢市）に代表されるそのような神社には、高次元のエネルギーを持つ神さまが存在しています。魂は、継火《つぎび》のようにエネルギーをもらうことができるのですが、よい神社にいくと、「光の存在」からエネルギーを分けてもらえ、開運していくのです。

神社の中には、高次元のエネルギーを持つ星や宇宙とつながる神社があります。また、**「神」と名のつく宇宙人がいる**こともあるでしょう。

たとえば、一年で最も太陽のエネルギーが活発になる夏至《げし》の日に、太陽の通り道となる「夏至のレイライン」にある神社がそうです。

茨城県鹿嶋市の**鹿島《かしま》神宮**や東京都渋谷区の**明治神宮**、**伊勢神宮**、宮崎県高千穂《たかちほ》町の**高千穂神社**など、ライン上にある有名神社は、宇宙エネルギーとつながっているといえるでしょう。ちなみに**皇居や富士山**もライン上に位置しています。

◆宇宙とつながる不思議な神社

宇宙とつながる有名神社や霊山などの聖地の周辺には、宇宙人に関する情報がよく聞かれます。そして、宇宙的な雰囲気を持つ不思議な神社があるようです。

富士山は、断トツに宇宙人やＵＦＯの目撃情報が多い場所です。周辺の山梨県富士河口湖町にある**大嵐天神社**《おおあらしてんじんしゃ》や**河口浅間神社**《かわぐちあさまじんじゃ》、富士吉田市の**太神社**《だいじんじゃ》など、不思議な神社も多くあります。

これらの神社周辺では、「ここは、かつてレムリア大陸だったのではないか？」と思うほどの幻視を、私は見ることが多いのです（レムリア大陸とは、太平洋上に存在していたとされる古代大陸）。大嵐天神社では何度も白い神さまが音楽を奏《かな》でる様子を、太神社では神さまが祈る幻想的な風景を見ました。河口浅間神社は後述するように、夢にまで見た神社です。それぞれが独特の世界とつながっているように感じることと、実際に寄せられる宇宙情報があいまって、不思議な雰囲気が広がる一帯です。

また、鹿島神宮の北に位置する大洗《おおあらい》の海岸沿いには、「うつろ舟」など宇宙人に関する逸話《いつわ》が江戸時代より伝わっています。

宇宙人に関連する有名な神社には、宇宙船と関連した神々が集まるといわれる長野県長野市の**皆神神社**《みなかみ》や、地球上の全人類の祖といわれる五色人《ごしきじん》が集まって儀式を行なったという伝承のある熊本県山都町《やまと》の**幣立神宮**《へいたて》などが挙げられます。

◆応援し、導いてくれる神さまのいる神社

「生まれ持った使命をまっとうした人」の魂が神として祀られている神社もあります。たとえば、戦国時代の英傑《えいけつ》、豊臣秀吉を祀る京都府京都市の**豊国神社**《とよくに》は、環境に恵まれなくても出世したい人を応援してくれます。また、徳川家康を祀る栃木県日光市の**日光東照宮**は、仲間と協力して地域や会社を発展させる能力を身に着けたい人を応援してくれます。

当の本人は生まれ変わっていて、すでにそこにはいない場合もありますが、こうした神社では同じような使命、エネルギーを持った霊が集まって集合意識のようになり、神社の神となっています。

祀られている人と似た使命を持った人、同じ目的の願いを持つ人とは同調し、人

生を応援してくれるでしょう。あなたの魂の導きとは方向が異なっている時も、あなたが強く望むなら、神さまとしてはたらいてくれるのです。

◆「鎮守の神さま」は身近な存在

日本国民を応援したい霊など、**想いが強い霊が集まった神社**もあります。

東京都千代田区の**靖国神社**はその代表的な例ですが、愛国者に人気の**橿原《かしはら》神宮**（奈良県橿原市）や南北朝時代に後醍醐《ごだいご》天皇の正統を強く主張し続けた「南朝」のあった**吉野神宮**（奈良県吉野町）、幕末の皇国思想の神霊が集まる**明治神宮**などがあります。

どの神社も、御祭神《ごさいじん》とは別に、同じ想いの人霊が集まってきているのです。

こうした霊も神のようにはたらくので「神さま」と呼ばれます。この神さまは、先ほどの先祖神と同じように、人であった時の意識や思考が残っています。ですから、同じ目的を持つ人には賛同して、人を導いたりすることがあります。

「神さまと意見が合った時に応援してくれる」ので、途中で意見や思考が変わると、神さまも離れていくのが特徴です。

また、地域には、その周辺で活躍した人や身分の高い人が人霊として神社にいることがよくあります。地元を愛する意識が強くて、神になったというわけです。

「鎮守《ちんじゅ》の神さま」と呼ばれるような町の神社はそのケースが多く、八幡《はちまん》神社などは、数も一番多いように思います。地元の人の願いを叶えようと、霊同士のネットワークで応援してくれています。

◆「自然の神さま」のぬくもりと安心感

神社ではなくても、山や森、湖などで、高次元のエネルギーが降りている場所があります。そこには、やはり「神さま」と呼んでいい存在がいます。

そういう場所は気持ちがよく、自然に守られているようなぬくもりを感じ、安心感があります。**自然の神さまたちは、宇宙と地球をつなぐ存在として、魂にエネル**

ギーを与えてくれるからです。

私は皇居の近くに住んでいるのですが、皇居内や千鳥ヶ淵《ちどりふち》、北の丸公園の植物は、いつもキラキラ光っているように見えます。温かく見守られているようで、ベンチに座っているだけで、ほっとする時間を過ごすことができるのは、神さまたちの御《ご》神気《しんき》（エネルギー）のおかげです。

神社の境内でもそうした時間を体験することはできますが、できれば、もっと自然に囲まれた土地のほうが大きな体感を得られるでしょう。

青森県の**十和田湖**はカルデラ湖で、火と水の融合したエネルギーが高く、おすすめです。宇宙的な気もある北海道の**洞爺湖**《とうやこ》。青森県と秋田県にまたがり、大地の神に守られるような気持ちになる**白神山地**《しらかみさんち》。心身が清《きよ》まる石川県・岐阜県の**白山**《はくさん》。一帯がさわやかでほっとできる山梨県の**清里**《きよさと》周辺。光がまぶしいほどの**東京都檜原村**《ひのはらむら》。**河口湖**の安心する、ゆったりとした雰囲気。たくさんのおじいさんに見守られているような、三重県・奈良県・和歌山県・大阪府にまたがる**熊野古道**《くまのこどう》。神さまの息吹きが体験できる鹿児島県の**霧島**。

数えきれないほど、日本中に高次元のエネルギーを放つ場所があるのです。

このように「見えない存在」といっても、高次元のものから、人霊までさまざまです。ただ、あなたの**「魂」（主護神）を直接サポートし、エネルギーを継ぎ足してくれるのは、高次元の神さまだけ**です。そして、主護神は、高次元のエネルギーを糧として「神さまであるあなた自身が、自分を活かしてすばらしい現実を創造」できるように導いてくれるのです。

一方、高次元の神さま以外の神さまは、その人の現実である「現世」での願いを叶えてくれます。

もちろん、この現実世界で成功し、幸せになるのはすばらしいことです。ですが、「成功したいから、外側の世界をどうこうしてほしい」と願うよりも、「自分の神さまらしさを発揮した結果として、すばらしい現実を創造していく」ようなアプローチを念頭においておくと、より納得のいく形で人生を切り拓いていくことができると思います。

2章

「神さまのご加護」を受けやすい人

——人生に〝いい循環〟を起こすには

「邪念ゼロ」の清々しさ

心が明るく清らかな状態の時は、欲やエゴ、相手をだましたり傷つけたりしようといった邪念の入る余地はありません。

私たちの心が前向きで些事《さじ》にとらわれず、何事にも意欲的になれると、人間関係でも仕事でも、いい循環が起こり、トラブルに悩まされることは少なくなっていくでしょう。

自分にもまわりにも「いいこと」が起こり、気づけば人生には豊かな実りがもたらされ、「神さまのご加護」を実感する毎日が送れるはずです。

浄明正直――神さまと通じる「心の在り方」

さて、神道には**「浄明正直《じょうめいせいちょく》」**という言葉があります。

その字が表わす通り、いつでも「浄く（清く）、明るく、正しく、素直」な心でいることが大切だ、という意味です。

天照大神《アマテラスオオミカミ》を伊勢の地に遷座《せんざ》し、祭祀《さいし》の基本をつくったとされる倭姫命《ヤマトヒメノミコト》は、神さまを祀る際の「心の在り方」を残したとされています。

鎌倉時代に書かれた神道書『倭姫命世紀《せいき》』の宇多秋宮《うたのあきみや》の章には、神さまを降ろして神がかりでお告げを受け取る「大物忌《おおものいみ》」に任命された童女の心の清さを称《たた》え、神道の誠心《せいしん》の見本とされたことが書かれています（ちなみにヤマトヒメノミコトは垂《すい》仁《にん》天皇の皇女で、甥《おい》の日本武尊《ヤマトタケルノミコト》が東征《とうせい》に行く際、草薙剣《くさなぎのつるぎ》を授けた神話でも有名です）。

つまり、**「きれいな心で生きている人は、神さまのご加護を受けやすい」**ということです。

「そんなの、当たり前でしょ」と思われるかもしれませんね。

でも、本当のところを理解できているでしょうか。そこで、私たちが日々、どのような心がまえで生きていくとよいのか、「浄」「明」「正」「直」の順に説明していきたいと思います。

◯「浄」…清らかな心

「浄」とは、清らか、清浄であるということです。神さまの恩恵である恩頼《みたまのふゆ》をいただくには、神道では「清浄であること」が最も重要であり、条件になっています。自身の心を罪穢《けが》れなく清らかに保つこと。そして環境的にも住まいや目に入る場所を常に清潔に保ち、入浴や沐浴《もくよく》を通して体も清潔にすることが望まれます。

◯「明」…晴れやかな愛の心

「明」とは、心を晴れやかにし、愛の光でまわりを照らすことです。これは、人を疑わず、真心を持って接し、相手の心を照らしてあげられるように、明るい心でいることを表わします。常に前向きにものごとをとらえ、心に悩みや心配、暗い気持ちを秘めておかないことも意味します。その上で、聡明であり知恵がはたらく「智《ち》」の状態も「明」です。

◎「正」…正しい心

「正」とは、正しい心、正直な心のこと。理性をはたらかせて、正しい判断をして行動することです。神さまを念頭におき、「正しい」と感じることを素直に行動に移し、思考と意識を集中して、はじめて正直に振る舞えます。当然ですが、嘘や思い込みがあると、心と魂とがずれて正しい行ないはできません。

◎「直」…素直な心

「直」とは、素直な心、素直な反応や前向きな解釈ができる心のことです。

ひねた解釈をしたり、相手の心の裏を読んで悩んだりすることのない、クセのない心も意味します。

ちなみに、「浄」「明」「正」「直」は神社本庁の神職の位階としても使われていますが、「浄」はその最上位にあたります。これは、人の心を「清浄」に保つことが何よりも難しいことを表わしています。

「正直であるので邪心・邪欲がなく、真心があるので心の弱さがなく、愛情深く、感情にも思考にもとらわれず、きれいな心で神さまに向き合える人」

そのような人は、魂がまばゆい光を放っています。

どんな時でも心が「清浄」であることを意識して、考え、行動することで、自分が磨かれ、魂のエネルギーも高められていくのです。

神社にお参りすると「魂が整う」

自分を磨いて、邪心や邪欲、心の弱さのない人になるためには、「魂を整える」ことが必要になります。そして、神道ではその行ないを**「鎮魂《ちんこん》（たましずめ）」**と呼んでいます。

心を毎日、少しずつでもクリアにし、魂を目覚めさせる体験を積むと、魂はしだいに整っていきます。身の回りを掃除して気持ちのよい状態に整える、人には思いやりを持って接する、一人静かに瞑想するといったことでも、心はきれいになるでしょう。

そして、誰にでも気軽にできて、私がおすすめしたい心をクリアにする方法の一つに、神社にお参りすることがあります。

神社の多くはエネルギーの高い聖地に建てられています。さらに、人工的に結界《けっかい》をはる（神聖な場をつくり出す）ことで高次元のエネルギーに満たされています。そのため、その場を訪れることで、普段はネガティブな思いなどによって曇りがちになっている心が晴れ、神性を取り戻すことができるのです。

こうした「自分の神性にふれる体験」により、私たちはごく自然に魂の存在に気がつくことができるようになります。


多くの人は、神社にお参りをする時、何かお願いごとを叶えてもらおうという意識が強いのではないでしょうか。ですが、神社にお参りすることでいただける力はそれだけではありません。

神気《しんき》に満たされた高次元のエネルギーにふれることで、**自分の魂の神性への気づき**をもたらしてくれること――それこそが、「神社の潜在的な力」と言ってよいでしょう。

日本人は、私たちの神性を目覚めさせる聖地の力を、神さまの力だと理解し、神社を建てて後世まで残してきたのです。

スマホの待ち受けを「聖地の画像」にする効果

神社にお参りして境内でエネルギーに包まれた時、神さまに守られているのを感じて温かい気持ちになったり、笑顔になったりしたことが、みなさんにもあると思います。どうか、その時の感覚を覚えておいてください。この感覚を日常生活の中でも再現できれば、いつでも魂は解放され、前向きに明るい気持ちで生きられると思います。

また、そこで美しいと思った風景なども写真や動画で撮って残しておくとよいでしょう。**聖地の画像には、その場の高次元のエネルギーが映り込んでいるので、画像からも高い波動が放たれる**からです。

また、**好きな神社の情景は「自分の魂の波動」と似ている**ことがあるので、それも記録しておくとよいでしょう。

鹿島神宮の杉並木を見て、気持ちよくて感動する人。

富士山本宮浅間《せんげん》大社の桜に涙を流す人。

伊勢神宮の御垣内《みかきうち》で、あまりの清浄に心がふるえる人。

那智《なち》の滝を見て懐《なつ》かしさがこみあげてくる人。

人によって感動する風景はそれぞれだと思いますが、感動がある場所はすべて、あなたの魂が同調できる高次元の波動を放っています。スマホの待ち受け画像にするなど、常に目にふれられるようにしておくとよいですね。そして、その体感を思い出すことで、あなたも自分の魂の神性を思い出しやすくなるでしょう。

「天、地、人」――聖地にも種類がある

聖地と呼ばれる場所はさまざまですが、その成り立ちから「天の聖地」「地の聖地」「人の聖地」に分けられます。

「天」の聖地

天からのパワーを受けることができる土地で、昔から霊山とあがめられてきたような場所です。**富士山**、**白山**、**高千穂峰**（宮崎県・鹿児島県）、**箱根山**（神奈川県・静岡県）、**大山**《だいせん》（鳥取県）、**石鎚山**《いしづちさん》（愛媛県）などは代表的な霊山です。また少し低めの円錐《えんすい》形の**三輪山**（奈良県）や**位山**《くらいやま》（岐阜県）も有名です。**筑波山**（茨城県）や**瑞牆山**《みずがきやま》（山梨県）、**金峰山**《きんぷさん》（山梨県・長野県）などに特徴的な突き出た巨岩なども「天」のパワーが満ちています。

「地」の聖地

地球自体が持つパワーがあふれている場所で、火山帯に多くあります。また、日本列島の中央を東西に走る**中央構造線**と、日本列島を中部地方で南北に走る**フォッサマグナ**（地溝帯）の断層上には、地球のエネルギーが吹き出しており、パワースポットになっています。長野県伊那《いな》市と下伊那郡大鹿村《おおしかむら》の境界にあり、中央構造線の断層上に位置する**分杭峠**《ぶんくいとうげ》はゼロ磁場になっており、目に見えないエネルギーが充満しているといわれています。

○「人」の聖地

人の手によって結界をつくった、いわゆる拝殿である「神社」や、人の祈りや感謝などの明るい思念が積み重なって定着した場所などです。

大きな神社が聖地となっていることが多く、**伊勢神宮**、**鹿島神宮**、**香取神宮**（千葉県香取市）、**霧島神宮**（鹿児島県霧島市）、**宇佐**《うさ》**神宮**（大分県宇佐市）、**春日大社**（奈良県奈良市）、**出雲**《いずも》**大社**（島根県出雲市）、**下鴨**《しもがも》**神社**（京都府京都市）、**住吉**《すみよし》**大社**（大阪府大阪市）などが代表例です。

また、寺や教会にも多くあります。寺は各宗派の総本山である**高野山金剛峯寺**《こうやさんこんごうぶじ》（和歌山県高野町）、**比叡山延暦寺**《ひえいざんえんりゃくじ》（滋賀県大津市）、**永平寺**《えいへいじ》（福井県永平寺町）、**建**《けん》**仁寺**《にんじ》（京都府京都市）など。教会では慈悲の心が伝わり、涙が流れてしまうような**東京カテドラル聖マリア大聖堂**（東京都文京区）などがそうした場所になります。

「こんなふうに生きたい」——一瞬の直観に気づくコツ

あなたは自分の「魂の声」を聞いたことがあるでしょうか。

魂の声とは「これをやってみたい」「こんなふうに生きたい」といった願いとして感じられることが多いようです。

そして、それは多くの場合、**「直観」**として自覚されます。

「自分が本当は何を求めているのか」に気がつける人は、「魂の声を聞いている人」「魂とつながっている人」です。

直観はそれまでの経験の蓄積から導き出されるようなものとも似ていますが、実は、もっと高い次元からはたらいており、**ほんの一瞬ひらめくだけ**です。自意識

（エゴ）が強すぎる人や、まわりの人がどう思うかばかり気にしている人は、このひらめきに気がつくことができません。

心の中を「澄み切った青い空」に変える瞑想

まずは一日に十分でいいので、何も聞こえない静かな部屋でソファやイスなどにゆったり座り、心を穏《おだ》やかにして「魂の声」を聞こうとしてみることから始めましょう。

呼吸は、できる限りの長い呼吸を心がけます。

目標は、吸って吐いて、がワンクールで二十秒以上です。

何も考えず心を空っぽに、つまり想念を消し去って、ただ静かに過ごす時間を持つだけで、魂との距離はぐんと縮まるのです。

いろいろな考えが浮かんできて集中できない時は、心の中で、**「魂は空、想念は雲」**と仮定し、焦点を「空」に合わせます。

想念が多い時は、雲だらけの空と同じです。強い風が吹いて、雲一つない快晴の空に変えていくところをイメージします。すると、感情が鎮まり、想念が消え去っていくのがわかります。

心の中は、いつでも澄み切った青い空になるよう心がけましょう。

感性を磨くほど「魂の声」がよく聞こえる

ちなみに、突然フッと感動した時は、魂が反応したサインです。

私の体験をご紹介しましょう。

ある神社で祈禱《きとう》を頼んだ時のことです。老年の神主さんが奏上する祝詞《のりと》の一節で、なぜか涙があふれてきました。祝詞の巧拙《こうせつ》とは関係なく、突然、神愛の感動がフッと起こったのです。

芸術にふれた時にも、魂は反応します。

知人に個性的な演奏をするピアニストがいます。彼女はショパンが好きなのですが、彼女の手が鍵盤にふれ、「革命」の最初のフレーズを弾いた時に、その曲の想いに同化してしまったのか、私の胸に瞬間的に感動がこみあげてきて、魂に響いていることがわかりました。

また、お能の梅若六郎《うめわかろくろう》先生（現・四世梅若実《みのる》）が舞台で舞う姿をみて、その立ち居振る舞いだけで、涙が流れたことがありました。先生を通して役の想いが観客席にまであふれてくるようで、その世界の中に包まれてしまったのです。

私は大学で建築学を専攻していたのですが、すぐれた建造物にも魂を目覚めさせる力があるようです。学生の頃、パリのノートルダム寺院に一歩足を踏み入れた時も、瞬間的に涙があふれました。建物のすばらしさに加え、たくさんの祈りが集約した空間に魂がふるえたのだと思います。

このようにすぐれた芸術にふれた時に起こる感動と、自分の魂の声を聞いた時の感覚は似ています。ふだんから一流の芸術にふれ、感性を磨くことで、自分の魂の声にも気づきやすくなると思います。

#「言霊の力」を借りて鎮魂する方法

万葉集では、日本は「言霊《ことだま》の幸《さきわ》う国」と表現されています。

日本人は、古来「言葉の力」をとても大切にしてきたのです。

自分の「魂の声」になかなか気づけない人は、この「言霊の力」を借りてみるのもいいでしょう。


具体的には、まず**「自分の名前を呼ぶ」**のです。

たとえば、

「暁玲華姫命《ひめのみこと》、今日も元気に頑張ります！」

というように、自分に声掛けをします。女性であれば姫命、男性であれば尊命《たけるのみこと》と、名前に尊称をつけて呼ぶと、より一層効果的です。

もちろん、名前だけを呼ぶのでもかまいません。

この世に生を享《う》けた人は、誰でも命名されますね。その名前は「魂の名前」でもあります。魂は死ぬまで寄り添う、自分自身の本体です。そして、たとえ魂がその使命を忘れて眠ったような状態になってしまっていたとしても、名前を呼び掛けられると一瞬、目を覚ますほどの効果があるのです。

心身についた邪念を祓う「イメージの言葉」

また、古神道には、言霊を使って鎮魂する方法があります。

言葉の力によって、心身についた邪念などを祓《はら》うことができるのです。

私自身もよく使う**「イメージの言葉」**を二つ、ご紹介します。

●「我は天と地の間にありて、光り輝く者なり」

これは、あなたの魂に火を灯《とも》すような、そして自分自身が光そのものになるような言葉です。

自分という存在がどれだけ光を放てるのか想像してみましょう。自分の中心に宇宙の光エネルギーが入り込み、火のようにどんどん燃え上がり、大きくなっていくとイメージしてください。

宇宙と対峙《たいじ》できるほどの大きな光のイメージが持てると、愛と光に満ちあふれた自分の存在を感じられます。いわば、自分が光となるための言葉です。一日に何回も唱えるとよいでしょう。

●「新しき日を迎え、出《い》づるものと去るものの間にありて、我、光り輝く者なり」

この言葉は、朝に唱えます。

朝日は、私たちの生命力を高める純粋なパワーを放っています。

自分の魂の波動が、朝日のように勇ましくなることを想像してみてください。

太陽の光を浴びて、自分が輝くイメージで唱えます。

言霊の力を活かすのは、いつでもどこでも身一つでできますから、さっそく今日から試してみてください。

「無邪気」が最強な理由

子どもが遊びに夢中になっている時の心は、無邪気に楽しんでいる「純粋な境地」です。この時、私たちの魂は、光を放って輝いているといわれます。

魂とは本来、喜びという水が滾々《こんこん》と湧いてくる泉のようなもの。

そして、あなたが心から喜び、楽しんでいると、自然と魂が整えられていくのです。楽しむことが鎮魂になるなんて、素敵だと思いませんか？

子どもの頃、友達と鬼ごっこやお人形遊びをしていた時のことや、夢中でお絵描きをしていた時のこと、海やキャンプに出かけ自然の中で思いっきり遊んだ時のことなどを、思い出してみてください。

人は「思い出す」だけで追体験ができるそうですから、その時のワクワクした興奮や満ち足りた気持ちを思い出すことで、魂を整えることができます。

この気持ちを持続させて、今度は、今の自分や未来の自分を想定して、ワクワクする楽しい気分を盛り上げていきます。すると、すぐに「次の興味あること」に気持ちが移る子どものように、ネガティブな気持ちなどすぐに忘れてしまっていることがわかるでしょう。

「楽しむこと」は神さまのエネルギーに直結

「自分に起こるすべてのこと」を、無邪気に、そして純粋に楽しむ姿勢で生きていると、不思議と前向きに生きられ、「いいこと」が起こるようになります。

このことは、古くから知られ、人々に実践されてきました。その例をご紹介します。

全国の神社では、よく**稚児祭り**《ちご》が行なわれています。

河口湖畔にある**河口浅間神社**は**「鎮爆《ちんばく》の神社」**（富士山の噴火を鎮めるために建てられたお社）として知られます。

八六四年にあった貞観《じょうがん》大噴火では、稚児が舞うことで、富士山を鎮めたと伝わっています。今でも毎年七月に、太々御神楽祭《だいだいおかぐらさい》という小学校六年生くらいまでの女の子による稚児舞が続けられています。それは、**稚児のあどけなく、無邪気に楽しむ姿には、大人の祈りを上回るくらいの力がある**からです。

また、境内には「七福神が宿る」といわれるご神木がありますが、七福神も笑顔と喜びで福をもたらす神さまです。

子どもの無邪気さや、七福神の笑顔は、富士の神である木花咲耶姫《コノハナサクヤヒメ》の心に通じ、鎮爆のパワーの役に立っているのです。

「楽しむこと」は愛の一部であり、神さまのエネルギーにつながるきっかけにもなります。そしてそれが、悪運を寄せつけない力になるのです。

コノハナサクヤヒメの「荒魂」を癒すもの

この河口浅間神社については、思い出深いエピソードがあります。

ある日、私はコノハナサクヤヒメになって、小さな舟の中で眠っている夢を見ました。

畳の上に舟は置かれてあり、水がなみなみと張っていてお風呂のようでした。

その中に浸かっている私は、心をかたく閉ざし、怒りで今にも叫びだしそうでした。

その隣で神主さんたちが何やら祝詞を奏上したり、神事をしており、その姿は一生懸命で、それなりに感動をしながら静観していました。大人の巫女舞も披露されるなど、何やらみながいろいろ頑張っています。

その中に、五歳くらいの子どもがいました。その子どものあどけない舞を見ていると、心がほっこり和《なご》んでいくのを感じました。その子は、私の似顔絵をつくってあげると言って、お花を摘んでくると、福笑いのお多福のように、その花を並べて似顔絵をつくってくれました。

その時に、つい吹き出して笑ってしまったのです。その瞬間、舟に張られていた水が畳の上にあふれ出し、私の心もほどけていきました。気持ちが張り詰めて動けなかったのに、笑顔を取り戻して動けたのです。


そうして目が覚めたあと、今の夢はどこかの神社だったのではないかと思って調べていると、河口浅間神社と似ているような気がしたのです。すると、友人が偶然に、どこかに行こうと誘ってくれました。私はすぐに河口浅間神社に行きたいと言って、一緒に出かけたのです。

そこには、夢に見た通りの畳の拝殿があり、頭上には「鎮爆」という文字が掲《かか》げられていました。祭事を見ると、やはり稚児舞があります。夢の出来事は、この神社のことだったのだと思うしかありませんでした。

そうして、この夢の出来事から、富士の神であるコノハナサクヤヒメの荒々しく激しい「荒魂」を癒す方法（富士山の噴火を防ぐ方法）がわかったような気がしたのです。

洗練された舞よりも、子どものような無邪気な振る舞いのほうが姫神を癒すことができるのか――。

そう思って、私はコノハナサクヤヒメに下手な「君が代」を歌ってきたのです。

陰徳を積んで「カルマ」を解消しましょう

まわりの人からいつも応援されて、ものごとがスイスイとうまく運ぶ人がいます。

一方で、いつも何かしらのトラブルが起こって、ものごとがうまく進まない人がいます。

ものの言い方が少しキツい感じを与えるとか、あともう一歩、人への配慮が足りないなど、対人スキルの問題などであれば、そうした方面の知恵をつければいいと思います。ですが、中には乗り越えなくてはいけないカルマが大きくて、それが原因で難しい状況を強《し》いられている人もいます。

また、能力が高くても、人間性が伴っていない人は、運が停滞しがちです。

ものごとが思うように進まない時、まずすべきは**自分の心のあり方を見直し、「陰徳を積む」**ことです。

ちなみに、「陰徳を積む」とは、人の見ていないところで、誰にも言わずに善行を行なうこと。

日常生活では、落ちているゴミをさっと拾って捨てるとか、会社の給湯室やトイレなどの共有スペースをきれいに保つといった小さなことでも、十分に陰徳を積めます。コンビニなどに置いてある募金箱に募金をする、といったことでもいいでしょう。

「ご利益《りやく》を期待する行為」ではなく、「自身のカルマを小さくする行為」と思えば、謙虚に取り組めるかもしれませんね。

「無記名の寄付」で神さまからの御礼が十倍に!?

ちなみに、「寄付を行なうと、徳を積むことができる」といわれています。

そのためか、神社には寄付金の額が書かれた石や板に、町の有力者の名前が並びます。こうした形での寄付に対しては、神社の神さまは子孫代々にわたり、何倍にもして返してくれることとは思います。ですが、これを十倍以上の効果にするのが、**「無記名で寄付を行なうこと」**です。

寄付をする時に名前を出すことは、自分の貢献度を町の人たちに示す行為でもあり、自分の功績を誇ることになります。時には、そのために寄付をする人もいるでしょう。

しかし、無記名で寄付をすることで、誇る行為がなくなり、「慈善の心」が行ないに現われます。そのために、神さまからも十倍以上の御礼があるとされているのです。

誰も見ていなくても「自分の魂」は見ています

神社や菩提寺《ぼだいじ》は、町の人々の「奉仕」によって維持されている部分が大きいものです。一方で、都心ではあまり見かけなくなりましたが、道端に祀られているお地蔵さんや観音堂は、放置されていることが多いように思います。

その場所にお地蔵さんや観音さまが祀られるようになったのには必ず理由があり、ずっと町を守ってくれている存在です。もし見かけたら手を合わせ、近所にあるなら掃除、お花やお供《そな》え、線香供養をすることは、素敵な善行の一つでしょう。

「自分以外の誰にも知られずに善行をするといい」といわれますが、**神さまである自分の魂は見ているの**です。そのため、自分が放った魂の光が、鏡のように返ってきて、あなたの精神性も向上するのです。


誰かに自慢したい、評価されたい、マウントをとりたい、ご利益がほしい……。

いくら「世のため、人のため」と言いながら善行を行なっても、こうした「欲がらみの望み」が心に渦《うず》まいていたら、徳は積まれません。

陰徳とはどのようなものかを知り、行動に移した時、人は「心のクセ」が取り除かれ、大きく変わることができるのです。

ちなみに、自分のまわりの人に対する行動で「徳を積む」場合、どのようにすればよいのでしょうか。

相手に「いかにも、いい人」と思われるような行為や、恩を売るような行為は、嫌味に受け取られることがあります。本当の意味で喜んでもらえるように、「さりげなく奉仕する」ことこそ陰徳になるので、そこまでできるのは達人だと思います。

人に対しては、敬意や感謝が心から伝わるように、最低限の礼を重んじて行動するのが、失敗が少ないかなとは思います。

「さりげなく」までには遠いのですが、まずはそこから始めていきましょう。

「中今の精神」――いつでも運がよくいられるコツ

神道には、**「中今《なかいま》の精神」**という教えがあります。

これは、「今」に「集中」すること。今とは未来の始まりであり、その瞬間・瞬間の出来事に神が宿ると信じて神経を集中し、感謝を持って行動していくことが大切だという教えです。

「目の前のやるべきこと」に集中していると、些細なことに一喜一憂する感情が消え、隙《すき》が生じにくくなるので、邪念の入る余地がなくなってきます。つまり、魔が差さないから、いつでも運がよくいられる、ということです。

運をよくするコツは、日々を集中して生きることといってもよいでしょう。

ワクワクと「今」に集中すると最高の未来が！

雑念が生じやすい人は、「自分には集中が足りないのだ」と自覚して、たとえば食器洗いや掃除など、日常生活の中で、「いかに丁寧に素早くできるか」を自分に課してみてください。

きっと「中今に生きるコツ」が体感できると思います。

できれば時間を計り、休憩を入れて、また取り組んでみます。

一度に長い集中を保つのは難しい場合があるので、

「掃除十分、休憩五分、掃除十分」

というように、時間を区切って集中して取り組んでみるようにしましょう。

仕事でも、ランニングでも、トレーニングでも、生活の中で「中今」に取り組めそうなことがあれば、そのリズムに変えていきます。

ゲームでも、勉強でも、「集中して取り組む」ことで隙が減っていき、邪念を抱くこともなくなってきて、魂の輝きも増していきます。逆に、「何かをしながらすること」は避けてください。

慣れてきたら、すべての現象の「今」に集中してみましょう。「今」は一番近い未来でもあるので、未来のエネルギーが最高によいものになるように、目の前の集中に加えて、今の気分がよい状態を保ち続けてみましょう。

さらに、**ワクワク、興奮、白熱した状態で「今」に集中し、楽しむことで、最高の未来へと導かれていきます。**

そうした「ワクワクする瞬間」「白熱した今」を積み重ねていくことで、あなたはもっともっと自分の魂とつながれるようになります。

私はよく、「いつ死んでもいいように」というようなフレーズを使うことがあります。決して、自暴自棄になれとか、緊張感を持て、といった意味ではなく、むしろ真逆で、もっと前向きな感覚です。

「中今の精神」には、無駄な感情や思念をそぎ落として「今に集中する」という意味がありますが、その集中の連続によって、ものごとの本質に近づいていくのです。そして、**ものごとの本質に近づく瞬間こそが、最高に白熱し、ワクワクする瞬間で**もあります。

これは、死の間際に、神にすべてを委《ゆだ》ねることを喜びとする精神性の概念にも通じます。

死ぬことは怖くありません。「中今の精神」で生きた連続の果てにあるだけの今です。ですから、死ぬという経験は、最高に刺激的な喜びの場面と考えられるのです。

神仙（不老不死で、神通力を持つ人）になる人は、死ぬ時に肉体がなくなり魂だけになるといわれています。軽さの極致の状態に達することが、喜びの極致ということなので、祝福の死なのです。

そんな境地を目指して、日々、「中今の精神」を意識してみると、人生を生きる本気度が高まります。

コラム セルフイメージに「日本の神さま」を当てはめるなら…?

とらわれない心で生き、徳を積み上げていくと、人は「軽やか」な雰囲気になっていくようです。そんなふうに心がきれいに整えられ、自分の中の神さまを感じられるようになってきたら、一歩進んだセルフイメージを持ってみるのもいいかもしれません。具体的には、自分の「霊統主」かもしれないと思う神さまの姿をイメージして、その姿を目指していくのです。

1章でも述べた「霊統主」とは、似通った魂を統べる神さまのこと。この霊統主を目標としていけば、自分の理想の姿に近づきやすくなります。

そこで、ここでは霊統主になり得るいくつかの神さまの特性を見てみましょう。

・天鈿女命《アメノウズメノミコト》

アマテラスオオミカミの孫・瓊瓊杵尊《ニニギノミコト》が高天原から日向国《ひむかのくに》の高千穂に天下った「天孫降臨《てんそんこうりん》」の際に先鋒《せんぽう》を任され、「天岩戸開き《あまのいわとびら》」では岩戸にこもってしまったアマテラスを岩戸から出すために舞を披露した女神。

この女神を霊統主に持つ人は、勇気があり、前向き。荒魂的な性質が強く、堂々と人前で活躍できる才能を持つ人。人々の希望の星となって、彼らの心を代弁する天命があります。

「女優神」ともいわれ、多くの人を芸能で癒すことができる魂です。

俳優の「俳」の字は、「人に非《あら》ず」と書くように、この神さまを霊統主に持つ人は、神さまにすべてを委《ゆだ》ねています。また、「優」は心が潔白であることを表わし、他人に同情できる優しい心を持つので、人を癒せます。

そんな女優の魂を持つ人が、どんな状況にあっても自分を貫く勇気を発揮し、強さと柔軟性のバランスを持つことができれば、大女優のような「希望の星」になるでしょう。人前に出る機会があった時、堂々と自分を表現できる人、舞台に立つことがうれしくて歓喜した経験のある人は、アメノウズメが霊統主かもしれません。

また、芸能の世界で運よくスカウトされたり、デビュー後に人気が出たりするなどの強運に恵まれている人も、霊統主がアメノウズメである可能性があるでしょう。

アメノウズメノミコトは、三重県鈴鹿《すずか》市の椿大神社《つばきおおかみやしろ》、三重県伊勢市の猿田彦《さるたひこ》神社や二見興玉《ふたみおきたま》神社などに祀られています。

・奇稲田姫命《クシナダヒメノミコト》

素戔嗚尊《スサノオノミコト》に尽くして家庭を築き、国を繁栄させた女神。

結婚して家庭をつくることが「最上の喜び」であると思える、幸魂《さきみたま》の光が輝いている人は、この姫を参考にするとよいでしょう。

クシナダヒメは、夕日のように温かい心と寛容さを内に秘め、愛と喜びをつくり出す才能がある女性。この神さまを霊統主に持つ人は、家族の円満と喜びを大事にします。家族のことを一〇〇％味方できる懐《ふところ》の深さがあり、すべてを肯定し、やすらぎを与えるでしょう。

荒ぶる神であったスサノオは、クシナダヒメと家庭を持つことにより、「国造り」という前向きな事業に着手しました。つまり、クシナダヒメはスサノオにポジティブな変化をもたらした〝アゲマン〟でもあります。大好きな旦那さんと楽しく温かな家庭をつくりたいと願っている人は、クシナダヒメが霊統主かもしれません。

クシナダヒメを祀る神社としては、島根県松江市の八《や》重《え》垣《がき》神社が代表的です。雲南市の須《す》我《が》神社、出雲市の須《す》佐《さ》神社もいいですね。そして、私が最もこの女神のパワーが受け取れると思うのは、同じく出雲市の日御《ひのみ》碕《さき》神社です。クシナダヒメは日御碕神社の祭神ではありませんが、スサノオが祀られた上《かみ》の宮《みや》の正面に太陽が沈む時の夕日の輝きは、この女神を表わす「寛容」のオーラといわれています。

・豊玉姫《トヨタマヒメ》

トヨタマヒメは、金銀財宝豊かな竜宮城の女神。天孫・ニニギノミコトの子である火遠理命《ホオリノミコト》（山幸彦《ヤマサチヒコ》）と恋に落ちた神話で有名です。ゴージャスで美しく、セレブな金運オーラを放っているイメージ。豊満な雰囲気を持ち、人々に豊かさを分け与えるような「財を伴う徳」の最高峰ともいえる女神です。

「美や財を活かす天命が自分にはあるかもしれない」と気がついたなら、この女神を理想とするのがよいかもしれませんね。この神さまを霊統主に持つ人は、美味しい食事と、リラックスできる豪華な暮らしをつくり出す才能があります。

また、竜宮城の女神なので、真珠や宝石で身を美しく飾ることも自分を活かしていくポイントになります。ゴージャスなものが大好きで、生家が資産家だったり、自身がお金持ちだったりする人で、奉仕の気持ちも伴っているのであれば、トヨタマヒメが霊統主かもしれません。

トヨタマヒメを祀る神社としては、宮崎県宮崎市の青島神社が最も有名です。また、和多都美《わたづみ》神社をはじめ、実は長崎県対馬《つしま》市に多く祀られています。

・**日本武尊《ヤマトタケルノミコト》**
ヤマトタケルノミコトは、父の景行《けいこう》天皇に西征・東征の仕事を命じられ、遂には力尽きて亡くなってしまうという、国に尽くした英雄です。天の神々を天津神《あまつかみ》、地上の神々を国津神《くにつかみ》と呼びますが、ヤマトタケルは国津神となります。国津神は霊統主ではないですが、その人の魂が成長し、同一といってもよいくらいの存在になることがあります。具体的な行動などをイメージしやすいこともあり、霊統主と同じように考えてもよいでしょう。

嫌な仕事でも必要とあれば率先して行ない、自分の身を犠牲にしてでも頑張り、また頑張るだけでなく必ず成果を出し、まわりに利益を与えることができるカリスマパワーの持ち主です。

この神さまを霊統主とする人は、必ず「結果」を出すことができます。目標のために、持てる才能のすべてを尽くすことができるのです。会社や所属する組織のために身を粉にして働く労をいとわぬ人は、ヤマトタケルが霊統主かもしれません。

ヤマトタケルは全国に武勇の伝説と多くの史跡があり、神社にも祀られています。ヤマトタケルが上総《かみつふさ》（千葉県）へ渡る際、荒ぶる海を鎮めるために祈った神奈川県横須賀市の走水《はしりみず》神社は有名です。また、死後に白鳥になった伝説があり、香川県東かがわ市の白鳥《しろとり》神社や東京都目黒区の大鳥《おおとり》神社にも祀られています。

・天児屋根命《アメノコヤネノミコト》

「建築の神」とも「言霊の神」ともいわれるアメノコヤネノミコトは、「構築する魂」を持つ神さまです。

システムをつくるのが好きな人、自分の関わる分野のマニュアルをつくり上げるのが好きな人は、この神さまと同じ系統の魂の持ち主かもしれません。

この神さまを霊統主に持つ人は、混沌《こんとん》から法則をつくり、後世の発展に尽くします。ＩＴ関係や建築関係など工学的な分野、あるいは学術的に整理構築していくような分野に秀でた人は、この神さまが天命を果たすよう導いてくれているのでしょう。ちなみに、アメノコヤネの子孫は、古代の日本で神事を司った豪族の中臣氏《なかとみうじ》とされています。

茨城県鹿嶋市の鹿島神宮の祭神の一柱で、境外摂社《けいがいせつしゃ》にあたる坂戸《さかと》神社に祀られています。

・思兼命《オモイカネノミコト》

オモイカネノミコトは、「天岩戸開き」の企画をした神さまです。

今でいう「プランニング業務」が得意な神さまですね。立ち上げ業務が得意というようなタイプです。

この神さまを霊統主に持つ人は、企画を立てること、計画することが大好きで、アイディアが豊富。コンセプトづくりをしていると、きっとワクワクするでしょう。

オモイカネノミコトは、天岩戸に関連して長野県長野市の戸隠《とがくし》神社の中社に祀られている他、茨城県那珂《なか》市の静《しず》神社、和歌山県和歌山市の日前《ひのくま》神宮など全国に祀られています。

霊統主になりえる神さまたちは、「はっきりしたお役目」を持って「記紀神話」に登場してきますが、**あなたにも必ず、この世に生まれてきた役目があるはず**です。

その「お役目」に気がつけば、神さまたちを参考にして「セルフイメージ」を持てるので、より一層、自分の人生を充実させて生きることができるのです。

3章

いつでも「明るいほう」へ歩む人

――「感情」と「運気」の不思議なつながり

「どんな時も感謝!」で心を軽やかに

社会で生きていると、人に会うのは必然で、人間関係が発生します。

私は主護神を見るセッションとは別に、スピリチュアルな視点でのカウンセリングも行なっていますが、相談に訪れる方の悩みで一番多いのが、人間関係の問題です。

「どうして、あの人って、ああなの……?」

「あの人さえ、変わってくれたら」

このようにネガティブな感情の渦にとらわれて、悩んでいる方がたくさんいらっしゃいます。

人間は一人で生きているわけではありませんから、このような悩みは避けられません。そこに「学び」もあるのです。

しかし、人との関わりから生まれたネガティブな感情が重たくなりすぎると、心が機能しなくなることもあります。

感情の重さに押し潰されることなく、心を軽やかに保ち、生きやすくしてくれるのが、**「感謝と慈愛」の想念**です。

これは、「魂の働き」ではなく「心の領域」の話になります。

私はこれまで、たくさんの相談者たちがネガティブな感情によって魂を曇らせているケースを見てきました。そこで、ネガティブな感情が広がるのを防ぐ心の持ち方についてお伝えしていきます。

「寛容さ」は幸運へのパスポート

まず、**常に「感謝」の念を持つ**こと。人に何か嫌なことを言われたり、トラブルがあったり、不運としか思えないようなことがあった時でさえ、です。

これが心の習慣になると、ネガティブな感情が深く根づくこともなく、嫌なことがあっても、すぐに気持ちを切り替えられます。

すると、その後の不運を避けることができ、魂に悪い影響を与えずにすむのです。

また、常日頃から**「他人を許す」**ことを心がけてください。どんな時も対立する感情を持たずに、相手の立場にも立てるよう努める**「寛容さ」**も大切です。

この「感謝と慈愛」の意識が潜在意識の層で厚くなっていると、恐怖や不安、その他、どんなネガティブな感情が心に湧き起こっても、すぐに前向きな自分を回復できるようになります。それによって、その後に起こる出来事がよいほうへ変化していくのです。
日頃から**「感謝することは、幸せに生きるための基本」**と考えておくようにしましょう。周囲に感謝するほど、自身の徳も積まれていき、精神性を向上させることにもつながります。

よく、一日に百回「ありがとう」を言うと運がよくなる、などといわれます。

これは、「そのくらい、常に感謝の気持ちを持つことが大事だ」という意味です。

「ありがとう」は具体的に言うほど吉

また、「ありがとう」と言う際には、「具体的な対象」を思い浮かべるとよいでしょう。

たとえば、「今日一日、会った人」全員の顔を思い浮かべて、感謝。そして、その人たちとの「ご縁」にも感謝。住む家があることに感謝。食事ができることに感謝。生きていることに感謝。

また、「物」にも感謝してみましょう。スマホ一つとっても、たくさんの人の知恵の集大成なので「文明の発達」に感謝。テレビが世界の情報を流してくれることに感謝。建物がしっかり建っていることに感謝。

このようにしていると、「感謝する対象」はいつでも目の前にあるので、一日に百回なんて、すぐに達成しそうです。

「ありがとう」を習慣にしていくと、確実に心は軽やかになっていきます。また、無意識に感謝できることを探すようにもなります。どんなことも感謝の心で受け止めるので、ものごとの見方に偏りがなくなり、多くの真理を発見でき、人生に対する理解力と知恵もついてきます。

たとえば、一見するとネガティブな出来事の裏にも「そのことがあったからこそ、得られる何か」があることに気づけるようになります。つまり、**現実をより深く見つめ、より広く見渡せることができる**ようになっていくのです。

このように、日々の生活の中に感謝が増えていくことでさらに寛容さも増し、自然に「慈愛の人」になっていくわけです。

「とらわれない軽やかさ」こそ強運に直結

人は日々、さまざまな感情を味わい、いろいろなことを考えながら生きていますが、神道では感情というものをどのように考えているのでしょうか。

神さまとつながる存在の「魂」に対して、日常の中で生まれる感情や思考などの想念のことを、古神道では**「魄《はく》」**といいます。

この二つは、私たちの心の領域の中に、**「魂魄《こんぱく》」**として共存しています。それは、魂を囲むように魄が取り巻いている状態で、燃えている火（魂）のまわりを水（魄）が覆《おお》っているイメージです。

火が強くなると、水は熱せられ、水蒸気が生まれます。この魂魄の、火と水の作用で発生する水蒸気のことは、**「感謝と慈愛の想念」**と考えます。

しかし、火の勢いが弱くなり、逆に水のほうが強くなると、火は消えてしまいます。この勢いの強い水とは、頑《かたく》なな思考や重たい想念のことです。

なぜ神道では「火」と「水」が神聖視されるか

ところで、この火と水の要素は宇宙にもあるとされ、天の火と水の二つの力を、古神道では「火水（カミ）」と読むほど重要視しています。

「天の火」はとても清い火で、**清火《さやび》**ともいわれますが、すべてを浄化する光の存在です。イメージは、太陽のように明るく、雷のような力を持っている「光」です。

この天の火の光は、常に私たちの魂の火に注がれています。

たとえ、魂の火が消えいりそうになっても、この天の火の光が注がれることで力強く復活することができます。

人生に展望が開けず「なんて自分はダメなんだ」と暗く落ち込んだ気分に浸っていた時などに、「いや、そうは言っても、まだまだ自分はやれるかも」と意識がぱっと変わり、急に力が湧いてきたような経験がないでしょうか。このような時、あなたはこの天の火の光を受けているのです。

天の火の光が作用すると、ネガティブな感情を一瞬で手放すことができるようになるのです。

「天の火」を受けることができる神社をお参りすると、魂の火を清めて給油していただけるだけでなく、「あの人を困らせてやろう」「ちゃんとやらなくてもバレないよね」といった自分自身の不浄な心や、あなたを陥れようとする外部からの邪《よこし》まな想念などもはじいてくれるので、勇気が出て、強運に変わることができるのです。

一方、**「天の水」**は清い水で、**清水**《しみず》といいます。

この天の水は、空から桜の花びらがゆらゆらと降りてくるような、やわらかいエネルギーです。

魂と魄の作用で生まれる水蒸気と同じく、感謝と慈愛の気です。

天の水は、私たちの「感謝と慈愛の想念」と引き合うように降りてきて、この気に満たされると明るい気持ちになり、重い想念が消え去って気分がよくなってきます。

「天の気」を確実に授かれる神社とは

「天の火」も「天の水」も、有名な神社やお寺などに参拝することで、受けることができます。

たとえば、茨城県の鹿島神宮は、天の火を受けることができる専門の神社といってもよいでしょう。他にも、鹿児島県の霧島神宮、大分県の宇佐神宮は、天の火の力が強い神社です。

一方、千葉県の香取神宮は、天の水がいつも降り注いでいる神社です。特に春の季節には、境内のあたりに清水の気が充満しています。

桜で有名な静岡県の富士山本宮浅間大社も、この天の水が集約している神社です。境内で二時間くらい過ごしていると、心が軽くなってくるのが体感できるでしょう。天の水の水蒸気効果で嫌な気分が去り、よい気分に変わってくるのです。

鹿島神宮と香取神宮は対《つい》になっている神社で、両方に参拝すると「天の火」と「天の水」の効果で急速に魂魄を浄化できます。

鹿島神宮、香取神宮と共に、東国三社の一社である茨城県神栖《かみす》市の息栖《いきす》神社には、男瓶《おがめ》女瓶《めがめ》の二つの霊泉があり、日本三大霊泉の一つといわれています。

この霊泉の水は、両神宮で得られたエネルギーが円滑にめぐる、**「風の力」**を与えてくれます。鹿島、香取と合わせてこの神社も一緒に参拝すると、さらに「天の気」を授かる効果が増します。ぜひ、体感してみてください。

火と水のイメージ行法

「天の火」「天の水」のエネルギーを普段から取り入れるためにおすすめなのが「イメージ行法《ぎょうほう》」です。まずは①と②を行なうだけでもネガティブな思いを振り払い、重たい思考から自分を解き放つために十分な効果が得られると思います。

①「神火清明」と唱える

自分の体が清い火で包まれ、すべての邪気が焼かれてオーラが清浄化することをイメージしながら、「神火《しんか》清明《せいめい》」とくり返し唱えます。

②「神水清明」と唱える

自分の体が清い水で、滝行を行なったかのように清められ、すべての邪気が洗い流されてオーラが清浄化することをイメージしながら、「神水《しんすい》清明《せいめい》」とくり返して唱えます。

③「爆発的な炎」「滝のような水」をイメージ

再び自分の体が火で包まれるところをイメージします。どんどんその火の勢いが増して、炎が高く燃え上がるところをイメージします。

次に、滝のような勢いの水がその炎の上に降ってきて、火を消そうとするのですが、火のほうの勢いが強くて蒸気になって火の周囲の一メートルあたりで蒸発している様をイメージします。この時、「神火清明、神水清明」と唱えます。

このような一連のイメージを、①の「神火清明」と唱えるところから続けることで、霊的に不浄なエネルギーの浄化やトラウマの上書きなど、霊性の向上に必要な浄化が行なわれます。

神さまから「イエローカード」が出される時

人の「魂」に対して、感情や思考を「魄」と呼ぶこと、また魄は大きくなると魂の火を消してしまうほどの力になることは前述しました。鬱屈《うっくつ》した感情、怒りや恨《うら》みなどの重い想念は、大きくなると魂の輝きを消してしまうほどの力になる、ということです。強い思い込みによる頑なな思考も同様です。

こういった重たい感情や凝《こ》り固まった思考などのネガティブな想念は、魂の火を消す汚水のようなものです。

闇に包まれて光が失われていくように「魂」の火は小さくなり、やがて完全に消えてしまいます。本来の自分を見失い、取り戻すことができなくなった状態です。

なぜ「許せない！」と思う仕打ちも忘れたほうがよいのか

この魂の火が消えた状態で亡くなってしまった場合、生きている時よりも挽回《ばんかい》は難しく、何百年もこのネガティブな魄がこの世にさまようことになります。

急死した人や自殺した人には悔んでも悔みきれない気持ちが強く、このような状態になってさまよっている場合が多いのです。誰かに殺された場合も、殺した人が成仏したとしても、殺されたほうは悔しさ、恨みから不成仏霊になってしまいます。

なんとも理不尽な話ですが、これが「魂魄」の原理です。

ですから、**何事にも執着せず、たとえ「許せない！」と思うような仕打ちを受けたとしても、忘れてしまったほうがよい**くらいなのです。

神社にお参りすることで心を浄化できるうちは安心ですが、浄化できないレベルに達すると、魂が一旦停止して、復活するのに多くの時間を費やします。

死後に持ち越すと、想像以上の時間（四百年以上）が必要になってしまいますので、日頃からネガティブな想念をリセットしながら生きたいですね。

今を生きている私たちだけでなく、死んでなお火が消えたままの魂もあります。

私たちがよく幽霊と呼ぶ存在も、その一部で、怒りや悲しみ、恐れなどのネガティブな想念を持つ人に引き寄せられていくのです。これを人は憑依《ひょうい》と呼ぶことがあります。

「思わぬもの」を引き寄せないために

同じ感情のエネルギーは引き寄せ合うものです。憑依のような深刻なものでなくても、ある感情にとらわれすぎると、その感情は雪だるま式に大きくなっていきます。

何か腹が立つようなことがあった時、はじめのうちはそれほど怒っていなかったのに、そのことを考え続けているうちに、どんどん怒りが増していったという経験はありませんか。

実は、そんな時は、あなたの怒りの感情がネガティブな想念となり、それと同じような想念のエネルギーを引き寄せて、自分の怒り以上の怒りを纏《まと》ってしまっているのです。

ショックや悲しみの感情も同じです。いつまでも悲嘆にくれていたら、まわりの悲しみの感情のエネルギーを引き寄せ、最悪、悲しんでいる霊を引き寄せることにもなります。

このように、自分が発する怒りや悲しみが思わぬものを引き寄せることもあるのです。早い段階で気持ちを切り替えないと、どんどん魄の水が力を増し、魂の火を消してしまうかもしれません。

悲しいことがあった時、その感情でいっぱいになってしまうのはわかりますが、どんなに悲しんでも一日まで、と切り替える努力をしてください。

二日目に突入するほどの執着する感情の場合は、**神さまからのイエローカードともいうべき「試し」**が起こるでしょう。

教養を深め「中庸の感覚」を養う大切さ

「〜すべき」「こうあるべき」といった頑なな思考を抱いている場合も同じです。強い思想や思考は、ネガティブな感情のように、わかりやすくはありません。自分の考えなのか、他から洗脳されたものなのか、本人は判別しにくいからです。

もちろん、私たちはたくさんの人から刺激や影響を受け、さまざまな知識や思想を知ることで知性を伸ばし、自分の思考をつくりあげていきます。ですが、**天命に反する思想を強く持つと、魂の火は消えてしまう**のです。

ですから、深く思考するな、哲学や思想にふれるなという意味ではなく、何事も妄信《もうしん》せず疑ってみる姿勢を保ち、強い思想などからは少し距離をとってファジーにしておくほうが安全、ということです。この世界に「絶対」ということはないからです。

ちなみに、多くの知識を学び、広い視野を持つと、妄信することを防げるようになります。そういった意味でも、幅広く教養を身につけること、**中庸《ちゅうよう》の感覚**を養うことをおすすめします。

魂を邪魔するほどの魄、つまり重たい想念の存在は、生きている間だけでなく、死後においても影響するので軽視できません。

しかし、このような事態になる前に気がつけば、軌道修正をすることで、魂の火とのバランスをとり戻すことができるでしょう。

「現実世界」と同時に存在する不思議な世界

宇宙のエネルギーともつながる魂は、その人の本質ともいえる存在だと前述しました。生まれてから死ぬまで、ずっと私たちと共にあり、さまざまな体験を通して磨かれたり、時に力をなくしてしまったりする魂――。

「人生の目的」を果たすため、運命を共にするパートナーのような存在ですが、その魂は肉体の死後、どこへ行くのでしょうか。

魂の住む世界を、私は**「神界」「霊界」「幽界」「冥界《めいかい》」「魔界」という五つの世界**に分けています。

・**「神界」**……文字どおり、神性の存在が住む世界
・**「霊界」**……菩薩から先祖霊まで、愛と感謝に満ちた存在が住む世界
・**「幽界」**……怒りや恨みなどの感情に支配されている世界
・**「冥界」**……自分の生きる目的がわからなくなり、人や宗教や思想の支配を受け入れている世界
・**「魔界」**……野性の本能のままに生きる、強欲に支配された世界

これらの魂の世界は、「死後に行く場所」というイメージを持たれるかもしれませんが、実は私たちの生きる現実の世界と重なって別の次元に存在しています。つまり、**現実世界と同時に存在している**のです。

神界、霊界、幽界、冥界、魔界のどの世界にいる魂も、人間界にいる私たちに常に関与し、さまざまな影響を与えています。

神界や霊界にいる魂なら、私たちを導く存在として「直観」という形で生きるヒントを与えてくれることもあります。

幽界以下の世界にいる魂なら、「不成仏霊」として私たちに助けを求めてきたり、弱っている人間に取り憑《つ》いて、さらに悪い状況へと引きずり下ろしたりすることもあります。

いずれにしろ、**魂の世界は、私たちの生きる人間界と密接にかかわっている**、むしろ「表裏一体」であるということを覚えておいてください。

光り輝く魂の次元——神界

神界は、その名の通り神さまの住む世界です。霊界以下の次元は、人間のさまざまな想念の世界ですが、神界はまったく異なります。宇宙とつながる魂、つまり神さまの境地なのです。

神界の存在は、人間であれば魂とだけつながります。稀《まれ》に、想念に左右されず絶対的な魂だけで生きることができる強い魂の持ち主がいます。そういう人は、人間でありながらも「神さま度」が圧倒的に高く、普通の人には持ちえない特別な力を発揮することができます。自身の魂に集中して生きているので、天命を生きることはもちろん、自然と多くの人を喜ばせるなど、世のため人のために活躍することになります。そういう人を現人神《あらひとがみ》と言ったり、生き神と言ったりしますが、実在するのです。また、魂のみで生きることができていないとしても、神界の存在は、私たちにインスピレーションを与えてくれています。

直観的に「私の役割はこういう生き方だ」とか「こうしたほうが世界はよくなるに違いない」と感じることには、神界の存在のあと押しがあるといえるでしょう。そんな直観があった時は、疑ったりせず、素直に従ってみるといいでしょう。

神界は、魂の火を燃やすエネルギーそのもの。神界に影響されることで、私たちの魂は力強く輝くことができるのです。

愛と感謝に満ちあふれる――霊界

肉体が死んだあと、ほとんどの人の魂は、幽界、冥界、魔界のいずれかに行きます。この時はまだ、人間界での「穢《けが》れ」がついた状態です。その穢れを祓うことで、霊界へ行くことができます。

霊界は、愛と感謝の想念に満ちた世界です。幽界や冥界や魔界の穢れを克服し、愛と感謝の世界に存在するようになった魂は、先祖神として、子孫を守護することができます。その使命を全うすることで、転生《てんせい》、つまり再びこの世に生まれてくるか、神界へ行くことができるのです。

生きながら霊界の世界にいる人は、人々と協調し、まわりの人のために尽くし、徳のある人です。「人の役に立ちたい」と、人々の幸せを願って生きているような人でしょう。

霊界の優しく温かなエネルギーは、魂の火を守る役割を果たします。また、霊界の存在は、神界の見方と違って、より現実的な目線なので、人が現世を幸せに生きられるように助けてくれます。霊界の存在からの導きは、マイナスの気からあなたを守ってくれるので、ポジティブでクリアな感情をもたらしてくれます。どんなことがあっても感謝の気持ちを忘れずにいれば、まわりも自分も大切にしながら生きていくことができるでしょう。

一方、私たちの心がネガティブな思いで満たされてしまっている時、幽界、冥界、魔界のダークなエネルギーが呼応して引き寄せられ、さらに状況を悪化させることがあります。

そんなことにならないよう、幽界、冥界、魔界の世界を引き寄せてしまう心のあり方、生き方についてもよく知っておいてください。

自分の感情が負の連鎖を招く——幽界

・イライラしたり、焦ったりしている時
・ストレスで抑圧されている時
・不安や恐れを抱いている時
・怒りに支配されている時

・裏切りやトラブルにショックを受けている時

こんな時、私たちの心は「幽界」に支配されています。このような感情を抱いていると、まわりの人や起こる出来事すべてが自分の敵であるかのように感じられ、気づけば負《ふ》のループに陥《おちい》ってしまうのです。

「幽界」の影響を受けると、私たちは、自分の感情で負のエネルギーを引き寄せてしまいます。ネガティブな感情は先述した通り、重い想念（魄）となり、魂の火を弱くしてしまいます。

魂のエネルギーが弱まることで、猜疑《さいぎ》心や欲望など、普段であればはね返せるような邪《よこし》まな感情にも支配されやすくなり、さらに「幽界的な存在」をも引き寄せてしまうのです。

私のところに来られる方の中には、この「幽界」に支配されて、何度も同じ悩みを相談する方が少なからずいらっしゃいます。その都度《つど》、その方の魂が自分でよくなっていけるようにアドバイスをするのですが、少しも進展せずにまた相談に見えるのです。

人によって悩みの種類はさまざまですが、例を挙げてみましょう。

Aさん（男性・四十六歳）は、同じ部署の部下であるB子さん（女性・二十五歳）とのことで度々、相談に訪れていました。

B子さんとは月に四回ほど二人で飲みにいくほどの仲だったそうです。ある日、ショッピングにつきあってもらい、君にも好きなものを買ってあげると言ったら、Bさんは八万円の化粧品をねだったそうです。

Aさんは、八万円は高いだろうと思ったのですが、自分から言った手前だけに引けず、買ってあげました。

翌月に、自分の誕生日があったので、高い化粧品も買ってあげたことだしと思い、一緒に食事をしようと誘ったのですが、断られたそうです。それどころか、それから一言も口をきかず、ずっと無視をされるようになりました。

二年後、Aさんは会社を退職することになりますが、B子さんの無視の仕打ちが会社を辞めても許せません。

「仲がよかったし、高価なものも買ってあげたのに、どうして無視されなければいけないんだ。自分が悪者扱いされたのも許せない。彼女の気持ちがわからない。今では自分のことをストーカーと非難する人まで出てきた。被害者は自分なのに」

という相談でした。B子さんが「誘いを断れないタイプ」ではなかったとしたら、月に四回も飲みにいっていたのですから、そのことをそれなりに楽しんでいたのかもしれません。でも、高価なプレゼントをねだったら買ってくれたり、誕生日に誘ってきたりするAさんが自分に特別な感情を持っていることに気づき、これ以上は「NO」という意思表示をしたのでしょう。Aさんはそれを受け入れられず、被害者意識を募《つの》らせていきました。

ここまでは「よくあること」なのかもしれませんが、問題なのは、Aさんが二年以上もこのことを引きずり続けていることです。

恨みを二年も持つというのは、まさに幽界の負のループから抜け出せずにいると言っていいでしょう。Aさんの時間は止まったようになり、負の感情がリフレインし、増大しているのです。

思想・環境の呪縛にとらわれる――冥界

・親の価値観を押し付けられ、心に深い傷を負ってしまった
・立場の強い人に抵抗できず、従ってしまっている
・ブラック企業だとわかっているのに、辞めることができない
・過去のトラウマから、何をやっても無駄だと思っている
・すぐに人を信じてしまい、利用されやすい
・誰かを頼るクセがついている

このように、まわりの人や環境の影響を受け、魂の火が消えかけてしまっている時、私たちは「冥界」に支配されています。

たとえば、親に「なんでそんなに頭が悪いの?」と言われて育った子どもは、自

分は頭が悪いと思っていないつもりでも、ことあるごとに、「やっぱり自分は頭が悪いから」と自虐的になったりします。そして、その影響は大人になっても消えることはなく、魂の火をどんどん小さくしてしまうのです。

影響を与えるのは、親や先生、上司などのまわりの人だけでなく、団体や社会、国、法律などもふくまれます。

冥界に支配されてしまうと、「生きる目的」を誰かに奪われてしまい、自分の頭で考えたり、状況を変えるために行動したりすることができなくなります。自立を忘れ、自己を見失っている状態といえるでしょう。この状態では、魂は当然、成長することができません。そして、死後も成仏できずに冥界の霊になり、同じような思想を持った人に憑依することになるのです。

冥界に支配された状態から回復するには、時間がかかります。魂は、人との摩擦や体調不良などの形で「このままだと危険だよ」というサインを送ってくることでしょう。なるべく早く自分の状態に気づくことが大切です。

また、思い込みが激しく、頑なに自分を変えようとしない場合も冥界に支配されているといえます。

・自分を変えたくない思いが強い
・義務感に縛られている
・自虐意識が強い（自己肯定感が低い）
・罪悪感にさいなまれ続けている
・後悔していることを度々思い出す
・深いうつ状態にある

このような時は、冥界の影響を強く受けていると考えてください。
私の相談者の方にも、冥界に支配されてしまっている人は多くいらっしゃいます。
その例をご紹介しましょう。
二十代のDさんは、失業して意気消沈していた時に、友人に声をかけられ、ある会社の社員になることができました。住んでいたアパートの家賃も払えない状態だったのですが、事務所で寝泊まりしてもよいといわれ、その待遇に感謝したといいます。

ところが、社長は「助けてやったんだから」と、休みなく仕事を与え、「事務所に住まわせてやっているのだから」と夜間の用事まで言いつけるありさまでした。

それでも我慢していたのですが、ある日、社長から、

「お前みたいな使えない人間を、わざわざ使ってやっているんだから、死ぬ気で働け」

と言われたそうです。そして、ことあるごとに罵倒《ばとう》され、よりいっそう休みのないシフトを組まされたのだそうです。

我慢して頑張っていましたが、ある日、自分の荷物をまるでゴミのように扱われたことに怒りが爆発し、辞める決心をしたそうです。

これは、魂の火が消える前のサインだと思いました。

今は、雇用のことについて脅されたので、裁判中とのことです。

このような状態に陥ってしまったのは、本人にも「友人の紹介だから楽ができるかもしれない」「住むところにかかるお金を節約できる」といった甘さがあったのかもしれません。

他人に頼ることに慣れている人には、違和感がない場合がありますが、「楽をしていい思いをしたい」という欲があると、このような結果を引き寄せることはままあります。

この方は、我慢しすぎることで冥界の次元に引き込まれ、魂の火が消えそうになっていましたが、ギリギリのところで勇気を出して抜け出すことができたのでしょう。

一方、冥界に支配されることが稀に「よい現実」を引き寄せることもあります。それは、冥界の霊の思想や考えと自分の使命がぴったりと重なった場合です。60～62ページで紹介した神として祀られている霊と同じように、応援し、導いてくれる霊になるのです。

たとえば、愛国心の強い人に、同じ思想を持つ冥界の霊が憑依した場合、軍人として成功するケースがあります。この場合、自国にとっては頼りになる存在ですが、敵対する国にとっては愛の存在とはいえません。

また、世界的に活躍するスポーツ選手になるような人は、本人、もしくは親やコーチが冥界の霊に憑かれているということもあります。勝利に執着し、厳しい練習を本人に課すのですが、精神的に潰れず、その道を極めることができるのは、本人の天命と合っていたからでしょう。

ただし、このような恩恵を受ける人はごく少数です。

冥界に支配されず、自分の魂から湧いてくるような思い、つまり「自分はこれをするために生まれてきたんだ！」と思えるようなことを大切にしてください。

野性の本能と欲望のままに生きる——魔界

・アルコールやギャンブルなどに依存している

・借金をしてでもブランド品を買い漁《あさ》ってしまう
・SNSで常に自分をアピールしている
・セックス依存で不倫や浮気をくり返している
・人の上に立っていないと気が済まない
・とにかくお金がすべてだと思っている

このように、欲望が強すぎて中毒症状のようになってしまっている時、私たちは「魔界」に支配されています。

魔界とは、野性の本能のままに生きる、強欲《ごうよく》に支配された世界です。性欲、支配欲、物欲、金銭欲、食欲、酒欲、博打《ばくち》欲などの強欲を止められない世界なのです。

魔界には、人霊だけでなく動物霊も存在しています。魔界の動物霊に取り憑かれると、より一層、中毒性が強くなり、抜け出すことが困難になります。そして、本人の体感だと、あっという間に年をとって空《むな》しく時間を浪費してしまいます。そして、死んでも成仏できずに未浄化霊として同じことをしていくのです。

何かに依存し、我を忘れた状態では、「魂を磨く」どころではなくなってしまいます。このような世界は、人の目指す世界ではありません。魔界の霊はいつも人の心の隙につけこもうと狙っています。かかわることのないよう、生活習慣を整え、感謝の気持ちを忘れないよう努めましょう。

一大ブームをまき起こした人気漫画『鬼滅《きめつ》の刃《やいば》』では、人が鬼と化す様子が描かれています。不遇な生いたちや環境、その中で負の感情が増大して鬼に堕《お》ちていく様子がストーリーの中で明かされていきます。

これは人が「幽界」「冥界」に支配され、やがて「魔界」に堕ちてしまう様子とそっくりといえます。ちょっとした心の隙につけこまれ、鬼へと誘導されるのですが、これは現実にも起こり得ることと思ったほうがよいでしょう。

自分でできる「霊的な防御」とは

幽界や冥界、魔界に支配されて魂の火が消えてしまった時、その魂（＝神さま）

は、どう立ち直ればいいのかを模索し、私たちに試練を与えて、気づくようにはたらきかけます。「神さまに試されているかもしれない」と感じることで、私たちはそのはたらきに気づくことができます。

神さまは、一見すると今の悩みや状況には関係のない事象を起こし、周囲の環境を変化させることで、結果的に現実を変え、気づきを与え、意識を変えていくのです。そうした神さまのはたらきに加えて、自分で意識してできることには、以下のようなものがあります。

◆自分の今の感情を書き出し、その感情があることを認める
◆風水や占いなどを前向きに活用してみる
◆生まれ変わった自分を想像し、行動を改めてみる
◆理想の自分を想定して、なりきろうとする
◆今までにしたことがないことにチャレンジする
◆理想の体を目指して食事に気をつけたり運動をしたりする

こうしたことに主体的・意識的に取り組むことで、私たちは魂の火を再び灯すことができます。また、霊的な防御をすることでも、自分の状態がマイナスに傾きがちになった時、そうと気づけるようにもなります。

私の場合、予防として定期的にホワイトセージの葉を燃やすなどして、自分でできるお祓いをしたり、霊符を貼ったりしています。巻末の「五岳真形図《ごがくしんぎょうず》」は、さまざまな困難や災厄から私たちを防御してくれる霊符です。五つの山（五岳）を象徴するモチーフは、それぞれ生命力、守護力、地鎮力、福財力、除災力を意味し、身につけることでそのパワーをいただくことができるといわれています。

その他に取り入れやすい方法としては、水晶などのパワーストーンを身に着けたり、トルマリンやテラヘルツなどの鉱石を風呂に入れたり、身に着けたりするのもいいでしょう。お花を部屋に飾るのも効果的ですが、桃の節句の頃であれば、桃の枝を飾るのは特におすすめです。桃には強い魔除《まよ》けの力があるからです。

実際に試してみて、自分が効果を感じられるやり方を見つけておきましょう。

「愛と感謝の世界」に生きる

幽界や冥界、魔界に落ちないことはとても大切ですが、魂を磨いてよりよい人生を送りたいと願うのであれば、前述した通り、霊界や神界の影響を受けながら生きることが大切です。そのためには、常日頃から愛と感謝の念を持ち、潜在意識をクリアにしておく必要があります。次のようなアクションは、霊界からのポジティブな影響を受けている状態を維持するのに役立つでしょう。

◆瞑想をする
◆陰徳を積もうと行動する

◆ホ・オポノポノ（「ありがとう」「ごめんなさい」「許してください」「愛しています」の四つの言葉を唱える）に取り組む
◆グラウンディング（大地に素足になり立つ、滝行をするなど）で重力を感じる

他にも、神社にお参りする、96ページで紹介した「中今の精神」を忘れない、常にリラックスして毎日を楽しむ、好きなことをする、夢や目標を忘れないなど、心がけ次第でできることはたくさんあります。

これらを実践しながら魂の火を燃やし続ければ、幽界、冥界、魔界の次元に誘惑されることはないでしょう。潜在意識のクリアリングと魂の目覚めを保ち、しっかりと魂を守っていけば、愛と感謝に満ちた霊界の次元以上で生きることができます。

ちなみに、人が神界の境地にいくのは稀なことです。ですので、霊界を目指すことだけでも十分だと思います。とにかく、日々、愛と感謝の心を忘れずに霊界以上の次元の世界で過ごすことを今日から意識していきましょう。

コラム 『古事記』に記された「青人草」の深い意味

『古事記』の中に、人を草にたとえた**「青人草」**という表現があります。

夫婦であり、日本という国をつくりあげた神さまである伊弉諾尊《イザナギノミコト》と伊弉冉尊《イザナミノミコト》。イザナミは出産の際の火傷《やけど》で命を落とし、黄泉《よみ》の国へと旅立ちます。それを悲しんだイザナギは、イザナミを追って黄泉の国を訪ねていきますが、妻の変わり果てた姿を見てしまい、逃げ出します。

青人草が出てくるのは、イザナギが黄泉とこの世の間にある黄泉平坂《ヨモツヒラサカ》を駆け、黄泉から逃げていく途中の話です。イザナギは、イザナミが追手として差し向けたヨモッシコメやヨモツイクサに桃の実を三つ投げることで身を守ることができました。

安堵《あんど》したイザナギは、桃の実に向かって、

「自分を助けてくれたのと同じように、青人草を助けてやってほしい」

と告げ、桃の実にはオオカムヅミという神の名まで与えました。


この青人草ですが、人民を意味する「蒼生《そうせい》」の訳で、仏教の経典にもある「衆生《しゅじょう》（命あるものすべて）」のような意味でもあるといわれています。

『古事記』では、「草のように繁茂《はんも》していく地上の民」というような意味で使われています。神道は植物を重視し、また植物の神性に注目しているので、この青人草には、もっと奥の深い日本独特の意味があるのでしょう。


私は、この青人草とは人の魂のことを言うのではないかと考えています。

魂はネガティブな感情を持つことで小さくなることもあれば、神さまに試され、天命を知って大きくなることもあります。それはまるで水がなければしおれ、太陽の光で生長する植物のようです。

植物は、土の栄養分を吸収して地中で根を張り、地上に芽を出し伸びていき、花を咲かせて実を実らせます。私たちの魂が成長していく過程と、とてもよく似てます。

今日から、私たちの身のまわりにある植物を見るたびに、

「自分は根をしっかり張って生きているかな、花を咲かせて実らせる努力をしているかな」

と振り返ってみるようにするとよいでしょう。

4章

「起こること」には、意味があります

――その経験を「糧」にしていくために

ぶりかえす「悩み」への処方箋、あります

私が霊視による相談を受けるようになって三十年近くになります。

十代から七十代まで、職業もさまざまな方々が相談にいらっしゃいます。相手の気持ちを知りたい、転職をしたいが運のよい方向性を知りたい、子どものことで困っている等々、ご相談内容はそれぞれですが、中には思いつめた様子で私のもとを訪れる方もいます。

人は、悩みに陥った時、心の目が曇ってしまいがちです。

そんな時は、一度、自分自身を見つめて、自分の意識と世界観を変えようとするだけで、違う現実が見えてくるものです。

人生やものごとがうまくいかない時、「自分」ではなく「環境や周囲の人」に原因を求めてしまうと、同じような悩みをくり返し、不安定な状態からいつまでたっても抜け出せません。

悩みから抜け出すためには、精神的な自立が大切ということです。

そして、精神的に自立するには、とらわれていることがあればそれを許して手放し、執着していることがあれば解放することが必要です。

いつでも魂に目を向け、魂の光は失われていないか、魂の火が消えそうになっていないか、「魂の視点に立って考える」ことで、自分が今生きている現実がよりクリアに見えてくるでしょう。

また、自分のことはなかなか客観的に見られないものですが、他の人の相談事例を読むことで、自分の身を振り返りやすくなると思います。

そこでこの章では、私が受けたご相談例を挙げながら、みなさんの魂を磨きあげていくのに役立つことをお伝えしていきたいと思います。

「仕事に打ち込んできた人」ほど気をつけたいこと

【相談事例　三十代・女性】

広告代理店に勤める、現在三十代後半になる会社員です。これまでずっと仕事に打ち込んできましたが、今年から上司と何をやってもそりが合わず、また仕事ぶりも評価されることがないばかりか、事あるごとに「仕事ができない！」と怒鳴りちらされて、憂鬱《ゆううつ》な日々を送っています。

そんな中、不況の影響で会社の業績が悪化、今後のことに不安を感じ、会社を辞めようかと悩んでいます。ですが、景気回復の兆《きざ》しが見えない中、四十歳目前の自分に、はたしてよい転職先が見つかるのか。たとえ見つかったとしても転職先でも同じことが起こったら……と思うと決断できません。

このまま辞めずに我慢していれば、上司も自分への評価を改め、いずれはこの会社で出世できるかもしれない。そう思うと、今辞めるのはもったいないようにも思います。


上司との相性の悪さ、さらに会社の業績悪化と、悪いことが重なっています。

理由のある指導ならまだしも、事あるごとに怒鳴りちらされては、メンタルにも影響が出てしまいます。休職をするということも考えられますが、思い切って前向きな気持ちを持って転職活動を行なえば、今までのキャリアを評価してくれる会社も見つかり、きっとよい転職先が決まる流れになるはずです。

これまでは、転職をするなら三十五歳までに、などといわれてきましたが、社会の状況も変わりました。四十代、五十代の即戦力が求められる時代です。

魂の視点からのアドバイスですが、この方の場合は、「自分の人生の軸は自分自身の魂である」と考え、会社がすべてではないと気がつくべき時なのです。

しかし、彼女のように一生懸命に仕事に打ち込んできた人は、今まで会社のためにと頑張って、人生を賭けてきたという思いが邪魔をして、なかなか「会社がすべてではない」と気づけません。

もちろん、三十代後半まで仕事をしてきた自負を、簡単には捨てられない気持ちもわからないではありません。でも、人生にはこれまでの考えを変えなくてはならない時があります。そのような転機には、自分が変わるしかありません。

◇淡々と仕事を進めて「余計なこと」を考えすぎない

まず、会社の業績が悪くて倒産するかもしれない、ということからくる「不安」な気持ちは消し去りましょう。会社はまだ潰れていないですし、景気もよくなって業績も上向くかもしれません。起こってもいないことで未来を不安に思うことはやめて、今だけを見るようにするのです。

次に、上司についてですが、彼女を正当に評価せず、感情のままに当たりちらすのは、彼の人間性の問題であって、部下である彼女とは関係がありません。ですから、たとえ不当に怒られたとしても、それに反応して悲しんだり気分を悪くしたりする必要はありません。

仕事はスムーズにいかないかもしれませんが、上司の低レベルなエネルギーに同調して、イライラしたり焦ったりしてしまうと自分の魂のエネルギーも下がってしまいます。

ですから、淡々とマイペースで仕事を進めることです。上司のご機嫌とりをやめることで評価が低くなって出世は遠のくかもしれないですが、それはもう、受け止めるしかありません。

魂を犠牲にしてまで出世欲を持つ必要などはないでしょう。

◇「嫌なこと」を言われたら、むしろ感謝を

罵倒やモラハラな発言は、それを口にする人の魂のエネルギーのレベルが下がり

ますが、言われた人がそれに反応しなければ、言われたほうの魂のレベルは下がりません。

嫌なことを言われても反応しなければ、逆に徳を積むことになるので、言った人にありがとうと言って感謝をしてもよいくらいです。

そういう意識でいれば、彼女も悩む必要はないのです。それどころか、「むしろ私は運がいい！」と前向きな気持ちを持ち続けることで、魂のエネルギーのレベルが上がり、よい転職先が目の前に現われるようなことが、起こりやすくなるでしょう。

そして、感謝できることに目を向けていきます。

今日も朝起きることができて、ありがとう。

食事がおいしくて、ありがとう。

このように、日々の何気ないことへの感謝を忘れずにいれば、よいエネルギーに満ちた転職先とつながったり、今の会社でも劇的に働きやすくなったりするでしょう。

開運のヒント

会社の人間関係や転職問題で悩んでいる人は、東国三社の参拝がおすすめです。茨城県の**鹿島神宮**で悪縁をすべて切っていただき、**息栖神社**で運の導きのご縁の加護をいただき、千葉県の**香取神宮**で才能を花開かせていただけます。

転職を成功させたい人にはおすすめの三社です。

関西の方であれば、奈良県の**春日大社**は鹿島、香取の神さまを祀っています。また、導きの神は、大阪府の**住吉大社**です。この二社の参拝をおすすめします。

プライドと欲で「心の目」が曇る時

【相談事例　三十代・女性】

現在三十四歳ですが、十八歳から彼氏が途切れたことはありません。しかし、誰とも長続きはせず、一年以下で別れてしまい、結婚にも至っていません。

今の彼氏とはおつきあいを始めてから八カ月になりますが、最初はとても優しかったのに、今はＬＩＮＥの返事もないくらいです。

最後に電話で話した時に、どう思っているのか聞いてみたのですが、「好きは好き」と言われました。好きならもう少し、連絡をまめにくれたり、頻繁《ひんぱん》に会ったりしてもいいはずなのに、ひどいと思います。

もう二カ月は会っていませんが、そのような冷たい態度は好きな人にすることではないと腹立たしい思いです。いっそ別れて、新しい出会いを探したほうがいいと思ったりもするのですが、結婚するにはよい条件の人なので、考えてしまいます。

彼とはどうなるのでしょうか。

あえて霊視をしなくても結論が出ているような話です。

ＬＩＮＥの返事がなく、二カ月は会っていない、というような状態では、すでにつきあっているとはいえないと、誰もがわかります。遠距離恋愛でもなければ、なおさらです。

彼は電話で「好きは好き」と言ったかもしれませんが、言葉より行動が真実を物語っていることは、大人であればわかることです。

彼女が現実を直視できない理由は、フラれたと思いたくないプライドと、よい条件の人と結婚したいという欲です。自分の欲が心の目を曇らせています。

また、彼女の言動から、相手に対する要求が多いことがわかります。また、「好きなら、まめに連絡をくれてもいいはず、ひどい」という言葉から、思い込みの強い女性であることもわかります。恋人から連絡がないのはさびしいことですが、ひどいと憤慨してしまうのは、被害妄想的で、依存傾向があります。この恋人の男性がひどいのではなくて、彼はもう彼女のことが好きではないのです。

この女性は結婚したい一心で現実を見ようとせず、彼とうまくいくことをまだ期待しているのでしょう。

◇「異性に要求ばかり多い女性」が辿る道

おつきあいが長続きしない人は、まず自分が本当にこれまで相手のことを愛していたかを、よく考えてみてください。

デートは特別な場所でなければいけないとか、優しく扱われたいとか、一途《いちず》に愛されたいとか、相手に要求してばかりで自分が与えることを忘れていませんか？

このようなタイプの人は、一見すると自分を完璧に扱ってくれそうな異性に夢中になりやすく、条件ばかりを見て理想的だと思い込みがちです。そのような目で選んだ相手は、つきあってみると豹変《ひょうへん》するタイプが多く、結局いいように利用されるなどして、恋愛がうまくいかないのです。

相談者の場合は、今は相手の気持ちを気にするより、自分の行動や反応をチェックするよい機会だと思えばよいでしょう。

十八歳から何回も恋愛をしてきて、同じパターンで別れをくり返しているとしたら、神さまのサインを完全に無視してきたということでしょう。相手のせいにするのではなく、自分をまず振り返ることです。

◇「精神的な自立」こそ、いい恋を運んでくる

恋愛は、わがままや嫉妬《しっと》など、自分では認めたくないネガティブな感情も生まれやすいので、自分自身を知るよいチャンスです。

恋愛がうまくいかない時こそ、自分を成長させるよい機会と思って、自分をしっ

かり見つめることです。もし、今の相手とうまくいかなくても、次にもっとよい縁にめぐり合うトレーニングになります。

また、相手に好かれるために、相手のいいなりになってしまう人もいますが、精神的に自立していない人の恋愛はうまくいきません。そのような人は、まずは精神的に自立することをテーマにして恋愛をしましょう。きっとベスト・パートナーに出会えるはずです。

開運のヒント

恋愛で同じ失敗をくり返すタイプの人は、結婚に向けて必要なことを神さまがはっきりと示してくれる東京都千代田区の**東京大神宮**に参拝するとよいでしょう。どうしたら、恋愛がうまくいくか、結婚につながるようなおつきあいができるか、体験を通してはっきりと気づかせてくれるので、結婚までの近道が見つかるでしょう。

不倫をずるずる続けている人

【相談事例　二十代・女性】

現在、二十九歳になる会社員です。取引先のHさんに告白されてつきあい始めました。三カ月くらい経った時に、たまたま彼のスマホのLINEを見てしまいました。すると、どうやら彼は結婚しているようなのです。

後日、相手を問い詰めると、「別居するところだから、言う必要がないと思った」と言います。

それから三年。彼は奥さんと別居はしましたが、離婚したとは聞いていません。

一年目は「私にはこの人しかいない」と思いつめてつらい日々でしたが、今は、惰性でつきあっているような感じです。

何度も別れようと思ったのですが、彼の「信じてほしい」という言葉で別れることができません。私はどうしたらいいのでしょうか。


相手が結婚していると知らずにつきあってしまったとのこと。三カ月もつきあえば、相手に情が入ってしまい、何かあったからといって、別れがたくなってしまう人は多いと思います。理性より「好きだ」という感情が勝ってしまうからです。

理性が強くはたらく人は、既婚者とわかった時点で別れを選ぶでしょう。結婚適齢期であれば、なおさらです。しかし、世の中には、ずるずるおつきあいを続けてしまう人が大半かもしれません。

この方の問題は、その後の三年間です。不安と不満で自身が潰れてしまいそうになり、別れなくてはと自身の危機に気がついています。

不倫を「嫉妬や不安を乗り越える修業」と思える人や、「愛する喜びを楽観的に味わうための恋愛」と思える人なら、気にならないのでしょう。ですが、良心の呵《か》責《しゃく》に苦しむのであれば、その不倫は、魂に汚水をかけるようなもので、魂へのダメージが大きいのです。

世の中ではあまりに多くの人が不倫をしているので、気軽に考えている人もいるかもしれませんが、人生と魂に与えるリスクは予想以上に大きいので、渦中にいる人は、覚悟を持って乗り越えてほしいと思います。

◇苦しい状況から抜け出せないのはなぜか

さて、この相談者の場合は、思いつめるほど悩んだということで、心が疲弊し消耗してしまっているので、魂の火はかなり小さくなっています。

すぐにその男性と離れて自分を取り戻すことです。

厳しい言い方になりますが、問題は「信じてほしい」と言い続けている男性にあるのではなく、その状況から抜け出そうとしない女性自身にあります。このことに女性は気づくべきです。つまり、彼女を追い詰めているのは「彼女自身」なのです。

相思相愛なら奥さんとは離婚して結婚するべきだ、という考えは理解できなくもありません。しかし、そうなるべきだという思いが強すぎると、それが叶わない時に、自分を苦しめることになります。

私たちが幸せに生きるために必要なのは魂を守ることです。そして魂を守るとは、自分を苦しめないことです。そのためには、相手や環境をなんとかしようとするよりも、自分の心の持ち方を変えるほうが簡単で健全です。

どんな出来事に遭遇しても、相手のせいにして苦しむのではなく、魂を守る手段を、まずは考えましょう。

「今、自分は神さまに試されているかもしれない」と気づき、自分自身を見つめてみること。そして、自分が乗り越えるべきことは何かを知り、自分を変える努力をしてください。

すると、同じ状況にあったとしても、心の持ち方は一八〇度変わります。

その後の展開は、あなたが想像するよりも、ずっとよい方向に話が進んでいくことでしょう。

開運のヒント

夫婦や男女の仲を取り持ってくれる菊理媛尊《ククリヒメノミコト》を祀る、石川県白山市《はくさんし》の**白山比咩神社**《しらやまひめ》がおすすめです。復活愛が叶うことでも有名ですが、「その人にとって最良の相手と一緒になれる」ことを叶えてくれる神社です。

「過去のトラウマ」から解放されるには

【相談事例　四十代・女性】

私は、二十代の頃に婚約していたのですが、結婚式をドタキャンされた過去があります。それ以来、結婚が怖くて恋愛すらできません。もう二十年もたつのに、裏切られた苦しさが忘れられなくて、生きるのがつらいです。

最近は、自分を責め続けるようになり、いつも重く暗い気分で過ごしています。こんな日常から解放されたいと思うようになりました。どうしたらいいでしょうか。

二十年は長いですね。トラウマになってしまっています。本当につらい出来事だったのでしょう。

でも、よく考えてみてください。

たしかに、当時は魂の火が消えてしまいそうになるほどだったかと思います。

しかし、その後、何回も何回も、ドタキャンされた場面を脳内で再現して、二十年もの間、魂の火に汚水をかけ続けてきてしまったのは、自分自身です。

きっと、神さまはその間に「もう、その苦しみに執着するのはやめなさい」というサインを何度も送ってきたはずです。でも、悲しみや恨みに取り憑かれて、そうしたサインに気づけずにきてしまったのでしょう。

◇過去、現在、未来は「次元が全く違う」世界

ですが、「解放されたい」という思いがあるのですから、もう大丈夫です。

未来だけが、自身に残された人生です。過去はもう、今の自分ではありません。

そのくらい、過去と現在と未来は、次元が全く違う世界です。

新しい自分を想定して、魂が光を浴びて生き生きとしているところを想像してみてください。毎日、そのイメージを抱いて瞑想するのもよいでしょう。

前向きに生きている自分を想像しているうちに、あなたの生き方は必ず好転していきます。過去へのこだわりを手放して、残りの人生を好きなように楽しく生きてください。

魂はなんのために生まれてきたのでしょうか。

人それぞれが個々の天命を果たそうと生まれてきたのです。

その魂の声に耳を傾けてみましょう。

今が、そのタイミングです。きっと、生まれ変わって新しい人生を送れるはずです。

開運のヒント

おすすめの神社は、朝日のエネルギーに近い場所です。未来を支えるエネルギーは、朝のパワーだからです。茨城県の**鹿島神宮**は「日本ではじめて朝を迎える神社」として、東の端《はし》に位置していますが、それは、すべての過去の穢れを消し、新しい未来を先取りして、清めるためです。

他にも、三重県の**二見興玉神社**が朝日の神さまを祀ることで有名です。一日の始まりに、生まれ変わった気持ちで参拝することが大事なので、お住まいの地域で朝日が見える神社に参拝するといいでしょう。

「息苦しい家庭」「惨めな自分」から自由になるには

【相談事例　五十代・女性】

結婚して二十年がたちました。

夫は常識的な人で、周囲からも「完璧な人だ」と言われています。地道になんでも努力をするタイプで、会社での地位も高いほうです。

はじめは、よい夫を持てたと幸せを感じていたのですが、最近は、全く逆です。息苦しくて、一秒も一緒にいたくありません。

夫はすべてが完璧で、言っていることはすべて正論だと思います。でも、そんな品行方正で真面目《まじめ》で、社会的地位もある夫といると、自分がどんどん惨《みじ》めに思えてきます。

私は時には羽目も外したいし、感情的な言葉をぶつけたりしたい時もあります。でも、これまでの二十年間、そんな行動はとても許されませんでした。新婚の頃、カチンときたことがあって少しキツい言葉をぶつけたら、「そんなふうに感じるのは君が未熟だから」と説教をされて以来、言いたいことも我慢してきました。

もう、家が牢獄《ろうごく》としか感じられません。

これ以上は、もう我慢ができないんです。


真面目なご主人で周囲が羨《うらや》むほどの人です。しかし、あまりに四角四面なところに、奥様はついていけなかったようです。

品行方正で非の打ちどころのないご主人に合わせて自分を抑えてきたのでしょうが、二十年の年月は、心をむしばんでしまいました。人間であれば誰しも感情が波立つことがあり、家族や親しい間柄の人に心にたまったモヤモヤをぶつけてしまうこともあるでしょう。ですが、この女性は気持ちを抑え込んで、ここまで我慢してきたことがよくなかったのでしょう。

◇うまく距離をとって「干渉し合わない」という知恵

柔軟な人は、お友達にグチを聞いてもらったり、趣味で気分転換をはかったりと、どこかでうまく息抜きをしているものです。それができない人は、一人で思いつめてしまい、心が壊れる寸前まで悩んでしまいます。そうなると、魂はダメージを受けます。

世の中で「正しい」と言われていることが、その人を縛《しば》る鎖《くさり》になることもあるものです。

この相談者の方の場合、自分を表現することでエネルギーが活性化する魂の持ち主でした。「大人しく良識的に、控えめに」と生きるのは、彼女の性《しょう》に合っていなかったのでしょう。ご主人も、彼女のそんな一面を認めて解放してあげることができませんでした。

うまく距離をとって、お互いの価値観を尊重し、「干渉し合わない時間と場所」が確保できていたら、彼女がここまで思いつめることもなかったと思います。

相手が異常者なのに我慢するのはもちろん論外ですが、この相談例のように、相手が「いい人」だからこそ逃げ道がなくなり、魂が拘束されて危機に陥ることがあるのです。

どんなに親しい家族でも、絶対的な存在と思ってはいけません。

完璧な人格の持ち主がパートナーであっても、その人との関係がなんの問題もなくうまくいくか、ということについては、また別の問題なのです。

開運のヒント

勇気を出して自分の道を進むために、三重県の**椿大神社**への参拝をおすすめします。祭神の猿田彦大神《サルタヒコオオカミ》、アメノウズメノミコトともに、勇気をふるい起こさせてくれる神さまです。道開きの導きの神でもあるので、必ず人生を前に進めることができるでしょう。

なぜ「母親との関係」で過剰反応してしまうのか

【相談事例　二十代・女性】

母親が大嫌いです。幼少の頃から、褒められたことはなく、だめな子だとばかり言われてきました。自分もそんなに優秀とはいえないので仕方がないと思って生きてきましたが、私の仕事の成果をけなすなど、今でも干渉してくるので怒りが湧いてきます。

大人になっても悪口しかない母親に愛があるとは思えません。できれば絶縁したいです。ただ、一応母親ですし、そんなふうに考えてしまう自分が未熟なのかもしれないとも感じます。本当は「母親に愛されたい」自分がいるのかもしれないと思うこともあります。母親をどう考えればよいのでしょうか。


幼い時から、母親から愛された経験のない方の相談です。

母親とはいえ、嫌いな人からは離れたほうが自分を守れます。

母親と会うことで、精神を破壊されてしまう人もいるからです。

この方は、母親に執着があり、本来であれば母親から与えられるはずの愛を求めているので、いざ絶縁となると気が咎《とが》めるのでしょう。

母親は、どんな存在であれ、産んでくれた人であり、自分の命があるのはそのおかげです。ですから、「感謝すべき存在」なのです。

でも、この相談者のように顔を合わせてしまうと感謝できない場合は、遠くから感謝をし、母親の幸せを祈るとよいでしょう。

また、否定的な言葉しか口にしない相手と会話をすると、どうしてもショックを受けてしまうものですが、できれば、母親の言葉にいちいち反応しないように心がけるとよいでしょう。

◇歪んだ支配欲を拒絶しつつ「愛と感謝」のレベルを上げる

母親は幼い子どもの頃は絶対的な存在に思えます。しかし実際のところは、母親も一人の人間であり、成長の途上にあって精神的に未熟な人、子どもっぽい人もいます。

また、その人なりにいろいろ事情を抱えていることもありますし、子どもが知らないところで心に傷を負っているのかもしれません。

そういう特別な事情がなかったとしても、世の中に完璧な母親などいないのです。みな、それぞれの魂を磨きながら生きているのです。

そう考えると、母親がどんなに恨み言を並べ立ててきても、「娘にそんなことしか言えない母親」を憐《あわ》れむ気持ちにもなるのではないでしょうか。

そうならないとしたら、母親に対しての期待と思い込みが強すぎるか、自虐意識が強いのかもしれません。

また、娘の自尊心が低いことを知って、わざとショックを受けるような言い方をしている可能性もあります。相手を自分に依存させたい、いつまでも頼ってきてほしいという少し歪《ゆが》んだ支配欲があるのでしょう。このような態度をとるような母親であれば、弱さを見せてはいけません。

この相談者は、母親との関係で過剰反応してしまうことが長年の課題のようですが、過剰反応してしまうその部分こそ、自分の解消していくべきカルマなのです。「自分のカルマに気づかせていただいた」と感謝の気持ちを持つことで、乗り越えることができるでしょう。

長く悩んできたことを、今、このタイミングで解決したいと思い、私のもとに相談に見えたわけです。それこそ、神さまのサインに違いありません。今こそ愛と感謝のレベルを底上げするタイミングを迎えているのでしょう。

開運のヒント

母親との関係で悩みを抱えた人が参拝するとよい神社は、千葉県一宮《いちのみや》町の**玉前神社《たまさき》**です。母が子を思う愛のエネルギーが満ちていて、過去から未来へ変わらず続く、永遠の母子愛を感じることができます。課題を乗り越える導きを得られるでしょう。

また、**東京カテドラル聖マリア大聖堂**などの大きな教会は、母子愛のエネルギーを感じることができ、両親の偉大さを実感できるでしょう。

「あんなにいい子だったのに……」はなぜ起こるのか

【相談事例　五十代・女性】

高校三年生になる十八歳の息子を持つ母親です。小さい頃は、「お父さんみたいなお医者さんになりたい」とよく言っていて、私も息子を医者にするべく、できる限りレベルの高い教育を受けさせてきました。

息子は、親の言うことをよく聞くいい子でした。成績が下がったり、勉強をさぼったりすると、厳しい言葉をかけることもありましたが、息子は素直に反省して、一生懸命に努力してきました。でも、ある日突然、学校に行けなくなり、受験勉強も全くしなくなってしまったのです。

理由を聞いても話してくれず、部屋に閉じこもったきり出てきません。全く別人のようになってしまい途方にくれています。

ネットで調べたところ、このように人格が激変してしまうのは、動物霊が憑いているからだということでした。あまりの変わりぶりに、私も霊障《れいしょう》だとしか思えません。一刻も早く息子が正気を取り戻し、受験勉強を再開するために、霊を祓っていただけないでしょうか。

私のもとに相談にみえる方の中には、お子さんのことで悩む親御さんが多くいらっしゃいます。みなさんが同じように願うのは、お子さんの幸せ。ですが、よかれと思ってやったことが裏目に出てしまったり、親の真意が思うように伝わらずに気持ちが行き違ってしまったり、悩みもさまざまです。

この相談者の方は、息子さんとご主人の三人で相談にみえましたが、一つ、とても気になることがありました。それは、私が何を質問しても答えるのが相談者一人だということです。息子さんに、

「医者になりたいのですか？」

と聞いても、息子さんではなく相談者が、

「そうなんです。お父さんのために医者になりたいんです」

と答える始末。

「息子さんに聞いているのですが……」

と私が言うと、息子さんは、

「いや、別に……」

と言葉を濁《にご》すだけでした。ご主人のほうは、

「僕は別に、医者になってほしいとは思っていないけど……」

とのことでした。家族の気持ちが全く通い合っていなかったのです。

三人の様子を見て、霊障も多少はあるかもしれないと思いましたが、息子さんが突然、学校に行けなくなってしまった大きな原因がこの母親にあることは明らかでした。

◇魂の自立を促すために

この親子の大きな問題は、母親が、「子どものため」と言いながら子どもの魂を奪ってしまってきたことでした。

「自分が苦労してきたから、子どもには苦労してほしくない」

「この道に進むことが、この子にとって幸せに違いない」

そんな思いで、子どもを思い通りにコントロールしようとする親がいますが、自分で考える力、自分を見つめる力を養ってこられなかった子どもは、いつか潰れてしまいます。

子どもが誰のためでもなく、「自分のための人生」を選んでいけるように促《うなが》すことが、子どもの魂を尊重することにつながります。それが魂の自立なのです。

ここ数年、子どもが口をきけなくなってしまった、不登校で引きこもっている、自殺未遂をくり返すといった悩みを抱えた親御さんの相談が増えています。その多くが、親の「子どもにはこうあってほしい」という欲によって子どもの心が潰されてしまっているのです。

この相談者には、はっきりとこう伝えました。

「『勉強しなさい、医者になりなさい』とお子さんに言うのは、お母さんの欲です」と。そして、息子さんが元気になるまで「黙ること」を徹底してもらいました。

「お子さんの魂の火は消えかかっていますよ。『お子さんが元気で、生きていること』と『医者になること』、どちらが大切なんですか？」

と問うと、本当に大切なものが何か、ハッと気づかれたようでした。

その後、相談者が息子さんに対して「黙ること」を徹底すると、しばらくして、息子さんは学校に行けるようになったそうです。この年の受験はあきらめ、ゆっくりと自分の好きなことを探しているところのようです。

開運のヒント

家族への感謝の気持ちを取り戻すことが大切です。近所の**氏神**《うじがみ》さまを感謝の気持ちを込めて参拝しましょう。

また、魂の輝きを失ってしまったお子さんのほうは、魂の光を取り戻すとはどういうことかを思い出すために、**伊勢神宮**へ参拝することをおすすめします。また、**皇居**もいいでしょう。皇居外苑の芝生に佇《たたず》んでいるだけで、邪気が去り、魂が一瞬輝くのを感じられるはずです。その感覚を覚えておくことが大切なのです。

また、東京都檜原村などの高次のエネルギーに満ちた場所へ行き、清らかな川の水に触れることも魂を輝かせるよい方法です。

「さえない自分」の将来が不安になった時は

【相談事例　二十代・男性】

自分は現在二十歳になる、平凡でさえない大学生です。来年は就職活動も始まりますが、取り立てて特技もなく、成績も中くらいで、就職も不利な状況です。飲食業のアルバイトは続けてきましたが、就職に有利になるような経験が積めたわけではありません。

ゲームが好きですが、それこそゲーマーとしてやっていけるには遠い腕前です。他に就《つ》きたい職業も思いつきません。そんな自分がこの先、生きていけるのか、まずは目前に迫っている就職活動はどうなるのかと不安でいっぱいです。どうしたら、道が開けるのでしょうか。

この相談者の悩みからは「不安」以外に、とりたてて問題となるような魂のクセはないように思えます。もちろん、成績も中くらいで、アピールできる特技がないことについて、就職を計画的に考えてこなかったという反省点はあるかもしれません。

しかし、まだ二十歳で、人生はこれからです。

平凡って誰が決めたのでしょうか。

他の人に比べて、似たりよったりで目立たない存在であることを平凡というのなら、まわりに対して順応性があるといえるかもしれません。

しかし、相談内容に「さえない」「この先、生きていけるのか」ともあるので、もしかすると人生に「虚無感」があるかもしれません。

もし将来に対する不安以外に、何ごとにも前向きになれない、将来がよくなっていくとは到底思えない、やる気が出ない、と感じているのなら、そちらのほうが就職活動がうまくいくかどうかよりも大きな問題かもしれません。

◇自分が心から楽しめる「好きなこと」を探してみる

このような虚無感に襲われた人は、まず、「○○しなければいけない」という義務感をすべて取り払う必要があります。それには自分が心から楽しめる、好きなことを探してください。

もしゲームが好きなら、とにかく思いっきりゲームを楽しんでください。通常、勉強もせずゲームをすることには、多少の罪悪感が伴うものです。

ですが、ここはそのようなことを一切考えず、なるべくすべての集中力を注いで真剣にプレイするのです。ゲームに飽きたら、別の何かを見つけて集中して取り組んでみてください。

たとえば、掃除でもいいですし、料理でもいいですね。

特別なことでなくていいので、そんな感じで、やれることを見つけて楽しく取り組み、気持ちを解放することを優先します。

また、ぼーっとすることでもかまいません。「ぼーっとすることを一〇〇％楽しむ」のです。何もしないことに罪悪感を抱かず、純粋にリラックスして、毎日を気分よく過ごすことを心がけてください。

そのようなことを続けていると、ある時、「こういう未来がいいなぁ」というようなイメージが出てくるようになります。そうなれば、虚無感から抜け出す出口に立っていて、希望をイメージできるところまできているのです。

理想の自分、よい未来像をイメージできるようになったら、十分にその時の感情を味わってみてください。いつしか、虚無感がなくなり、理想の自分になれるような就職先や将来の姿を思い描けるようになると思います。不安がなくなったら、道を自分で切り開くことができるでしょう。

相談者の場合は、就職が目の前に迫ってきたことで、自分のことを考えることができたわけですが、これこそ神さまから試されているタイミングだと思います。

開運のヒント

自分の将来が不安、といった悩みを持つ方が参拝するとよい神社は、広島県廿日市《はつかいち》市にある安芸《あき》の宮島《みやじま》の**厳島神社**《いつくしま》です。自分の未来を切り開く力をいただくことができます。

また、虚無感の強い方は、さらに宮島の御神体でもある**弥山**《みせん》に登るとよいでしょう。

鹿島神宮で祈禱を受けることもおすすめします。

コラム

古代日本の「謎」を握る二つの神社

神社につけられる社号には、「神宮」「大社」「神社」などがあります。中でも「神宮」は、もっとも格式が高く、皇室と縁の深い神社にのみ用いられるものです。そして、不浄なものを寄せつけず、「神さまとつながることが保証されている場所」ともいえます。

平安時代から明治時代になるまで、「神宮」という社号は、アマテラスオオミカミを御祭神とする伊勢神宮の他に、**鹿島神宮**と**香取神宮**にしか用いられていませんでした。ここでは、この二つの神宮がなぜ重要視されてきたのか、古神道の思想を交えてお話ししたいと思います。

鹿島神宮の御祭神は、武甕槌大神《タケミカヅチノオオカミ》。香取神宮の御祭神は、経津主大神《フツヌシノオオカミ》です。記紀によると、この二柱の神さまは、アマテラスの命を受け、出雲の大国主命《オオクニヌシノミコト》との国譲《くにゆず》りの交渉を経て、日本の建国に尽くされました。

利根川を挟《はさ》んで対になる場所に位置するこの二つの神宮。都から遠く離れたこの場所が重要視されてきたのは、かつてこの地が、「香取海《かとりうみ》」と呼ばれる内海《うちうみ》であり、交通の要所であったことが挙げられるでしょう。

また、古代日本では、今の北海道や東北地方はまだ異国であり、この地域が争いの最前線でした。

しかし、何よりも第一の理由は、この地域が「日本の東の端」だからです。古神道の思想では、「朝が未来を創る」と言われています。毎日毎日、罪や穢れを流して、日の出とともに新しい国になる。日本を清く、きれいにしていこうという前向きな思想です。そのため、太陽の上る東は、すべての始まりの方角なのです。

この思想は96ページでご紹介した「中今の精神」にも通じるといえるでしょう。

◆「アメノコヤネの教え」を守り伝える一族

鹿島神宮は中津《なかつ》、香取神宮は弓前《ゆま》という一族が代々神職を務めてきました。この二つの一族は、アメノコヤネ（106ページ参照）という神さまを共通の先祖としており、アメノコヤネの教えを大切に守り、伝承してきました。これが、神道の思想の礎《いしずえ》となっているのです。

中津の長《おさ》は「中津身《なかつみ》」、弓前の長は「弓前和《ゆまに》」と呼ばれ、それぞれの神宮の神事を司ってきました。

中津は、のちに「中臣《なかとみ》」と呼ばれるようになります。中臣といえば、中大兄皇子《なかのおおえのおうじ》（のちの天智天皇〈六二六～六七一〉）と共に大化の改新の中心人物となった中臣鎌足《なかとみのかまたり》（六一四～六六九年）を生んだ一族として有名ですね。

一方、弓前は、弓を引いた時に、矢が今にも飛び出そうとする瞬間を意味する言葉で、つまり「今」のこと。中臣の「中」と、この「今」こそが、中今の精神のもとになっています。千五百年以上前の思想が、現在にも通じているというのは、すごいことですよね。

中臣鎌足は、天智天皇から「藤原」の姓を賜《たまわ》り、藤原氏は長きにわたり繁栄していきます。

以降、神事を行なう「中臣氏」「大中臣氏」と政治を行なう「藤原氏」に分かれる形になりました。そして、中臣鎌足の息子の**藤原不比等**《ふじわらのふひと》（六五九〜七二〇年）は、大宝律令（七〇一年）の制定に携わるなど、優秀な政治家でもありましたが、「中津身」という称号を使った最後の人物となりました。

そして、この藤原不比等ですが、驚くべきことに、「霊能力があったのではないか」という説もあるのです。

弓前一族の子孫であり、『弓前文書《ゆまもんじょ》』（弓前家が代々受け継いできた、アメノコヤネからの口伝《くでん》を漢字化した神文《かみふみ》）を継承した家に生まれた池田秀穂《いけだしゅうほ》先生は、『弓前文書』を解読し、公開しています。池田先生から口伝を聞いていた鹿島神宮の元禰宜《ねぎ》で、大中臣氏の子孫である萩原継男《はぎわらつぐお》先生が言うには、

「不比等は今も、鹿島を守っている」

のだそうです。

萩原先生曰《いわ》く、「鹿島神宮の鳥居の上にいる」ことがあるそうで、その魂は今も日本を見守っているのかもしれません。

現在でも鹿島神宮、香取神宮には、中津・弓前一族の子孫である神職がいます。鹿島神宮・香取神宮を参拝する際は、古代日本で重要視されてきた「日出づる場所」のパワーや、藤原不比等の存在を感じてみるのも、面白いかもしれません。

5章

「奇跡が起きるしくみ」に気づく

――現実世界を好転させる不思議な力

「見えない世界」への洞察力をつけるには

私の場合、霊的な次元にある「見えない世界」を見たり感じたりすることができますが、一般の方には見えないのが普通です。ですが、見えないからといって「ないもの」ではありません。見えなくても「在《あ》る」世界なのです。

これは「感情」などもそうですね。「見えない」ですが、「ないもの」ではありません。こうした**「見えない世界」への洞察が深まると、今よりも次元の高い生き方ができる**ようになります。

ただ、そうはいっても特別な能力もないのに「見えない世界」を見られるわけがない、そう思われる人がほとんどだと思います。

実は、見えない世界を見る感覚は、画面を通してドラマを見る感覚と似ています。

思考、感情、欲を「つぶさに見る」方法

ドラマの映像を見ていると、登場人物の心の奥にある感情がよく見えますよね。これも「見えないものを見ている」という点では同じです。

現代は、映画やドラマの配信サービスが人気で、自分の好きな時間にドラマをたくさん見ることができます。連続ドラマは何話も続くので、人間模様がていねいに描かれているという特徴があります。

試しに、地上の人の生活を神さまが雲の上から見るようなイメージでドラマを見てください。神さまになったつもりで、登場人物の思考や感情のゆらぎ、欲がうごめく瞬間、そして感謝の念があるかどうかなどに注目しながら、行動や生き方を見るようにします。すると、思考も感情も欲も、目には見えませんが、ドラマを見ていると、それらが手にとるように見えてきませんか?

私たちは特別な能力があるわけでもないのに、登場人物がどういう気持ちなのか、本人よりもわかる気がします。恋愛ドラマなどでは、「なんで彼女の気持ちに気がつかないのかしら」と、やきもきしたりしますよね。

また、この後、主人公の人生はどうなっていくのかについても、だいたい想像することができます。客観的に見ているので、その後の展開や登場人物の気持ちを占うことができるのです。

ドラマの中の人から、「あの人は私のことをどう思っているでしょうか」ともし聞かれたとしても、ドラマを俯瞰して見続けてきたあなたは、答えられるはずです。

「見えないものを見る」とは、こういう感覚なのです。

自分を「ドラマの主人公」として見つめてみる

そして、ドラマを俯瞰して見続けることで、あなたは自分の人生をも客観視できるようになっていきます。

私たちの日常は映画やドラマのシーンとは違い、同じような日常がくり返されています。その平凡な日常を、自分の「ドラマ」として見つめてみると、自分の感情や欲を客観的な視点で見ることができるようになるのです。

この世界では、誰もが**自分が主人公のドラマ**を生きています。

今、あなたが主人公のドラマはどんな展開になっているでしょうか。そのドラマを神さまは画面の向こうから見ているわけです。

これを自覚すると、この地球上で生きている、七十億人にそれぞれのドラマがあり、それぞれが違う人生を送っているという当たり前のことが、リアルに実感できるようになります。

見えないけれど「在る」ものの実在に、実感として気がついてくると、私たちがどのように行動して、どのような気持ちで、どんな生活をしているのかと、客観的に現実を見られるようになるわけです。すると、どんなことが起こっても感情の中にどっぷりと溺《おぼ》れるようなことは、少しずつなくなっていくでしょう。

「日々、新たなり」の気持ちで生きる練習

私は、苦手なものを克服するためにもドラマを利用しています。

たとえば、恐れや不安の感情は克服するのがなかなか難しいものですが、ドラマを見ることで克服しやすくなります。

極端かもしれませんが、もし自分の家に殺人犯が潜《ひそ》んでいて、殺されそうになったら、と考えてみてください。身の毛もよだつ状況です。

ただ、現実の世界では、今この瞬間にも「殺されそうになる」シチュエーションはどこかで起こっているわけです。つまり、テレビドラマのミステリーの設定とは、実際に起こるかもしれないことなわけです。

私は、そういう**ドラマを見ながら、恐れを抱かないように心を平静に保つ訓練**をしています。

恐れや不安の感情が強いと、現実を客観視できなくなります。

ですから、恐れを克服するトレーニングをしているのです。

また、何度も自分の身にふりかかるけれど克服できないようなことがある時も、ぜひドラマを活用してみてください。ドラマを見ることで心を鍛え、客観視できるようになると、今、自分が乗り越えるべき課題も見えてきます。すると、現実を受け止めて、前向きな道を進んでいけるようになるはずです。

「現状をリセットする感覚」を持つには

自分が苦しい状態の時、不幸のどん底にいると感じている時に、客観視なんてできないと思う人はいるでしょう。実際そうだと思います。つらい状況にある時に、今の現実に起こっていることが「自分の今生《こんじょう》の人生の課題」であるとは、どうしても思えないかもしれません。

そういう時は、現状を一旦忘れる、リセットする訓練をしてみること。忘れるのが難しいのであれば、不幸と感じる出来事を「なかったこと」として、振る舞ってみるのです。


もしくは、たとえば**自分が異世界から転生してきた**、もしくは**過去から未来へやってきた**存在だとイメージして現在の自分の状況を眺《なが》めてみるといいでしょう。

たとえば過去の時代を生きていた自分が、今の時代に来たとしたら、どんな感じだろうと考えてみます。

「人間はこんなにすごいものをつくってきたんだ」とか「こんな職業があるんだ」といった感想を持つかもしれない、などと考えてみるのです。そして、「なぜ、自分はこの時代にこんなことをやっているのかな」と、新しい感覚として受け止めてみてください。

一日に三分でもいいので、このようなイメージをしてみることで日々の出来事を上手にリセットできるようになります。

そうすると、たとえ失敗しても必要以上に落ち込むことがなくなり、自分に起こる嫌な出来事も「ただの試練」だということが徐々にわかってくるのです。

エジプトの神話に、ベンヌというフェニックス（不死鳥）の原型になった聖なる鳥がいます。

ベンヌは朝日が昇ると生まれて、夜になったら火の中に飛び込んで死にます。毎日生まれ変わるので、永遠に生きているとされる存在です。夜死ぬことで過去を忘れ、朝には新たに真っ白な記憶で生まれてくるわけです。

つまり、**「日々、新たなり」の気持ちで生きる練習は、生まれ変わりを追体験していくトレーニング**でもあるのです。

特に、過去のことを引きずりがちなタイプの人には、よい脳のトレーニングであり、生き方がよくなるヒントになります。

「軽やかな魂」ほど学びのチャンスが多い

「友だちだったら、こういう時はこうするべき」

「上司だったら、困っている部下を助けるべき」

思い込みが強い人、真面目な人は「べき」思考にどっぷりと入り込んでしまうことがあります。「○○するべき」に縛られてしまうと、霊的に高い次元には行きにくくなってしまうのは前述したとおり。

知識や知性はとても大事なもので、それがないと理性を保ちにくいもの。ですが、知識偏重になってしまうと、今度は頭でっかちの融通《ゆうづう》がきかない人になってしまうでしょう。

思い込みの激しい人は、自分の魂がいろいろな経験を楽しく積んでいくことに心を閉ざしがちです。「こうすべき」と自分で決めつけるようなことは、どんなことでも注意が必要なのです。

「ファジーに受け止める柔軟性」を大切に

ものごとを決めつけるようになるきっかけは、トラウマからきていることもあります。

私のところに相談に来られたある方は、うつ病と診断され、朝起きることができず、普通の人と同じようなリズムで生活できないと悩んでいらっしゃいました。生年月日による古神道の「数霊占い《かずたま》」で占ってみると、元々とても運が強く、すばらしい人生を歩まれる方と結果が出ました。ところが、自分に自信をなくして、そのすばらしい運とは全く正反対の生き方をされていたのです。

話をお聞きすると、その方が子どもの頃に親戚の叔父《おじ》さんが発狂したような姿を見てしまった時のショックが原因だということでした。成長するにしたがい、その時のショックはだんだん薄れていきましたが、その方の魂は「いつか自分もそうなるかもしれない」という恐れを抱いてしまい、「自分はなんとしても、まともに生きなくてはならない」と強く思い込んでしまったのです。

まわりの人も「しっかりしなくてはいけない」と口うるさく言うために、その思い込みはどんどん強固になっていったようです。

こうした強迫観念や周囲の声によって、その方は身動きがとれなくなり、無難にさえも生きられなくなってしまいました。心が潰れていき、生きる勇気もなくなり、ついにはうつ病になってしまったのです。

思い込みによって魂の自由が束縛されてしまうと、結局は自分がこうなりたくないという方向に向かってしまうのです。

自分の思い込みやトラウマは、自分では意外に気がつきづらいので要注意です。そこで、普段から**何事もなるべく柔軟に、ファジーにとらえる**クセをつけましょう。

たとえば、「地球って本当は丸くなくて、平面なんだって」と誰かが言った時に、「今の科学ではありえないでしょ」と思ったとしても、「へえ！　もしかしたら、そうかもしれないね」と受け応えできるくらいがいいですね。

たとえ最新の科学で証明されていることであっても、「そうかもね」くらいな感じでファジーに受け止める柔軟性があったほうが、魂は軽やかにさまざまな経験を積んでいくことができるのです。

「異次元の世界」とのつきあい方

現実なのか夢なのか、はっきりしないけれど、地球外の生命体、いわゆる宇宙人とチャネリングするといった不思議な体験をする人がいます。

無意識には、その人にとって大事なメッセージが潜んでいますので、他人には理解できない世界が広がっていることはままあります。

そして、「それは自分の生きる世界とは違う、異次元の世界なのだ」と理解し、「この現実を捨てて、向こうの世界へ行こう」などと思わない限り、その人の世界観として他人が否定するような話でもありません。

しかし、そうした異次元の世界にはまり込んで満足し、現実世界に生きることに支障が出るようであれば問題です。なぜなら、その異次元の世界は、本来あなたがいるべき場所ではないので、魂の火が消えてしまうからです。

なぜ宗教では「祭祀の手順」が定められているのか

私はそのような人に会った時は、かなり危険な状態だと思って見ています。日常生活にかなり強いストレスを感じているために、異次元に回避している場合があるからです。

私は異次元の世界の存在を否定しませんが、**「現実の座標」を決して忘れてはいけない**し、必ず戻ってくるべきだと思っています。

私たちは、地球上で「今」という現実を楽しむという使命を持って生まれてきました。その使命を思い出すためには、植物や大地の自然の力などに力を借りるとよいでしょう。森林の中を散策し、鳥のさえずりや木《こ》もれ日につつまれたり、樹木や花の香りをかぐことで、現実感覚を取り戻しやすくなります。

瞑想などを続けていくと、いろいろなイメージが見えてくることがあります。それらも異次元の世界だといえるでしょう。ただし、瞑想を終えた後は、「現在の座標」に必ず戻ってこなければなりません。

異次元の世界については、**現実世界を生きていく上での「世界観を広げるツール」「心を癒す世界観」**くらいに考えていたほうがよいでしょう。ここでもファジーでいることが魂を救うのです。

宗教の祭祀では、この「異次元への出入り」の仕方については手順が決まっており、入ったあと、必ず抜けることができるようになっています。つまり本来は、儀式を行なう時以外に別の世界には行かないほうがいい、ということなのです。

現実のとらえ方は、人それぞれです。

何を楽しいと感じるか、何を幸せと思うかも人それぞれです。ある人は最新の技術を知りたいと思うでしょうし、ある人は地上の豊かさを享受したい、ある人は愛に生きたいと思うかもしれません。何をよしとするかが人それぞれ異なるのは、ある意味で次元の相違と言ってもよいと思います。「魂の目的」が違うのでしょう。

他にも、十八世紀、科学者でありながら、霊的体験にまつわる著述を数多く残したエマヌエル・スウェーデンボルグが旅したように、無数の地球がある「多次元世界」という次元があります。これは、自分が他の地球に同時に存在するという意味で**「パラレルワールド」**と言われますが、そういう幻視や体験をする人は、その次元に関わる何かに使命があるのかもしれません。

開運術の「究極的な方法」とは

先程、異次元に出入りすることの危険性についてお伝えしましたが、別次元の自分が、その世界の何かを変えることで、現実が変わることがあります。

「別のパラレルワールドに移行する」と表現されることなのかもしれませんが、**開**

運術とは、究極的には別次元に何らかのはたらきかけをして現実を変えていく方法なのかもしれません。

たとえば、玄関の靴箱に、その年の干支《えと》を文字で書いて入れると、なぜ、運がよくなるのか。つまり、「ただ、置く」のではなくて、「異次元の世界に置いてくる」のがコツということです。一瞬、干支の異世界に足を踏み入れて、さっと帰ってくる感じです。気学では吉方位をとり、その方角に出かけてお水を汲《く》んで帰ってきますが、それも同じ原理です。

異次元の世界に、安全にスムーズに出入りする確実な方法は、神社で祈禱を受けることでしょう。ですが、自分で決めた儀式でも、異次元に行くことは可能です。たとえば、「ボタンに手を置くと、その世界に入り、手を放すと現実に戻る」というように儀式の設定をあらかじめ決めると、神職が行なう祭祀に近い効果を発揮します。サングラスをしている時、バラを供えた時など、**始めと終わりのサインを**

決めて同じ手順をくり返すと、次元は動くのです。

「現実」と「異次元」――この次元が違う場が関与し合うことで、現実世界を動かしていくことができます。そして、現実をよりよい方向に変えていく方法や心がけについては、次の項目でも紹介しているので、参考にしてみてください。

「不思議な奇跡」は、こうして起こる

私は、クライアントの先祖神や魂の姿を見たり、風水的な鑑定をしたりと、異次元の世界と日々、つきあってきました。

この仕事を続けている理由の一つは、**「思ってもみないところに、現実を変えるヒントがある」**ということに、なんともいえない面白さを感じているからです。

これ以上、どうすることもできないと天を仰ぐような状況でも、「もしかすると、何かを変えれば状況が好転し始めるかもしれない」と思えることがあります。

たとえば、家族が危篤《きとく》の時や、自身が大きな病気を患《わずら》っている時などは、医者に頼ることはもちろん、藁《わら》をもつかむ思いで、この現実を変える何かをしたいと思うことがあるでしょう。

そんな時に、異次元の世界から何かしらのヒントが得られれば、現状を打開できることがあるのです。

直接的にそのことが原因でよくなったのか検証はできませんが、「奇跡的に病気が治った」などの事例をあなたも耳にしたことがあると思います。また、不思議な体験をすることで病気に対する気持ちが変化し、自分の体をより愛《いと》おしいと思えたり、病からも学びや気づきを得られたりするかもしれません。

病気だけではありませんが、全く関係のないと思われるような事象がきっかけとなって、オセロの盤面のようにガラリと状況が一変することはあるのです。

私が体験した神社の「神霊の力」

過去に、とある危篤状態の方の先祖神を見る機会がありました。先祖神が何度も水を汲む姿が見えたので、本人が水をほしがっているのかもしれないと思い、家族に神社から水を汲んできてもらいました。それを、神棚に供え、本人にも少し飲ませてみたのです。

その後に見えたのは、先祖神がふらついた様子で、団子を抱えて神さま方に配っている姿でした。もっと団子が必要だろうと感じた私は、家族に団子をつくってもらい、さらに神棚にお供えをしました。すると、先祖神が元気になるビジョンが見えたのです。

また、霊視で私が見たビジョンをヒントに先祖神が喜びそうな行動（家族に神社に出かけてもらい祈禱を受けるなど）をしてもらうと、それから数日して、さらに先祖神が元気になる様子が見えてきました。すると、危篤の峠は越えていたのです。

また別の体験ですが、意識不明状態の方の家族が、鹿島神宮に祈禱に行った際、本人がその神社に関係した夢を見ていたということがありました。後に意識が戻った際に明らかになったのですが、夢の中に大きな船が出てきて、川を下って鹿島まで運んでくれたところで目が覚めたのだそうです。本人は意識不明で、家族がどの神社に行ったのかは知らないはずなので、**神社の神霊の力**を感じた出来事でした。

また、香取神宮に行った際、私の相談者の一人で病気を患っている方の先祖神が、高い山の上で、石を積み上げている様子が見えたことがありました。

香取神宮の神さまフツヌシノカミの親神は、イザナギノミコトが加具土命《カグツチノミコト》（火の神。イザナミはこの神を産んで焼死）を十束剣《とつかのつるぎ》で切った際に岩についた血から化生した磐裂神《イワサクノカミ》、根裂神《ネサクノカミ》から生まれた神です。親神は境内の匝瑳《そうさ》神社に祀られています。

つまり、先祖神が石を積み上げているビジョンが見えたということは、香取の神さまが私たちが生きているこの現実世界の次元に関与してくれたのかもしれないと驚きました。

ちなみに、香取市の南にある千葉県匝瑳市は、その病人が幼少の時に過ごした場所でもあり、そこにも神さまの力を深く感じた出来事でした。

このように、**神社の神霊は現実世界の次元に関与する場合がある**ので、現実をどうしても変えたいと願うなら、祈禱に行くことは大いに効果があるのだと思います。

もちろん、これは私見なので、どこの神社でも同様の効果があるとか、鹿島神宮や香取神宮ならいつでも必ずご利益があると言っているわけではありません。

おそらく、その方の状況と神さまの次元が合って、パズルの最後のピースがピタッとはまると、祈禱の効果で、先祖の力が変化するしくみがあるのだというのが私の見解です。

何をしたらいいのかわからない時は、大きな神社で祈禱を受けるというのは外れることが少なく、安心感があると思います。

現実は「見えない流れ」の中で変わっていく

風が吹いたら桶屋《おけや》が儲かる、とは、一見無関係と思われる事象が関連していることのたとえですが、現実は見えない流れ、見えないつながりの中で変わっていくものです。

何が現実を動かすのか、見えないパズルのピースを少しでも見えるようにするには、**世界が複数の次元で構成されていることを認める**ことから始めるとよいでしょう。

開運するといわれて残っている伝統的な風習は、その見えないピースのよくある例だと思います。お正月に鏡餅をお供えすること、桃の節句にひな人形を飾ること、端午《たんご》の節句に菖蒲湯《しょうぶゆ》に入ることなど、数ある風習の中には現実を変えているツールがあるかもしれません。

私はよく、古代から伝わる占術の「遁甲《とんこう》」に基づき、「花買い」という開運法を実践していました。これは、決められた時間に決められた方角で花を買うと金運が上がるというものですが、四方に花屋があった家に住んでいた時は、花を買いに行く頻度《ひんど》も高くなりましたので、かなり金運が上がりました。

花屋で花を買うだけではなく、花を摘むのでもいいと思いますが、これもパズルのピースの例なのだと思います。

このように効果のある開運法もあるので、楽しく実践していき、効果をたしかめてみてほしいですね。**「次元の違い」を感覚的につかんで楽しむ**ことで、自分の状況や起きている現象を俯瞰しやすくなり、神さまに試されるタイミングさえ予想できるようになってくるでしょう。

〈ワーク〉

◆文字の意味を考えて霊符を書く

異次元の扉を開いて、現実世界を変えていくのに有効な方法として、「よい言葉を書く」ことがあります。

たとえば、「光華明彩《こうかめいさい》」という言葉を朱墨汁で紙に書いてみましょう。魂にエネルギーを注入してくれる言葉になります。宇宙から光を受け取れますように、と祈りながら書き、その日は神棚に置いたり壁に貼っておいたりします。処分する時は、燃やすか、川に流すか、神社にある古札納所《こさつのうしょ》に入れてください。

「光華明彩」以外にも、よい意味を持つ言葉を書くことで未来を変えるきっかけになるでしょう。以下に、書いてみるとよい言葉と、得られる効能について挙げていきます。どの言葉も魂にプラスの効果をもたらしてくれる字になります。

✧尚武《しょうぶ》……判断が正しく正確になる

◆伯楽《はくらく》……楽に楽しむ力を得る
◆雅幼《がよう》……子どもの気持ちがわかる
◆紋符《もんふ》……商売がうまくいく
◆摂津《せつつ》……交渉事がうまくいく
◆宝防《ほうぼう》……自分のバリヤーをつくり防御する
◆頂台《ちょうだい》……ほしいものが手に入る
◆器量《きりょう》……ストレスがたまらない

〈ワーク〉

◆自宅を清める方法

神社で授かることができる御神土《ごしんど》や御神水《ごしんすい》を持ち帰り、自宅になじませることにより、自宅の気を変えることができます。お札やお守りをいただいてきて神棚に祀るのもいいのですが、ただ置くよりも自宅のものと混ぜることができると、何倍もの効果になるように思います。神社は、大きな神社や聖地を選ぶようにしてください。

伊勢神宮でお守りをいただいたなら――

私は、自宅の気を浄化するために、定期的に部屋でホワイトセージを焚《た》くことを習慣としています。

また、伊勢神宮のお守りの袋や、包んでいただいた紙は捨てずに持っておき、願いごとを書く時や霊符を書く時に使います。電気が走るような神社の気がまだ残っていて、霊符の効果が上がるからです。

また、祈禱時にいただける桐の箱は大事なものを入れる箱に使っています。そのくらい**伊勢神宮の境内にあったものは、高次元の気を帯びていて、**自宅にあっても光を放ち、場を浄化するのに一番効果があると思っています。

理想の未来を「現在に持ち込む」方法

未来というのは、ある意味で別次元にある世界です。

未来は今、この時の選択や行動、思いによってつくりあげられているので、「こんな未来をつくり出したい」と思って、そうなるような行動をとっていけば、思ったような未来が手に入る可能性が高くなります。

いわば**未来を現在に「持ち込む」**のです。これは次元の違う世界を利用して、あなたの潜在意識をうまく活用していく方法の一つといえるでしょう。

たとえば、今はあまり思ったような人生が送れていない人が、「私って、ラッキー！」と十回言うことで未来を変えるというようなことがありますが、これは未来のラッキーを今に持ち込もうということです。ですが、ここで「だけど、今はそうじゃないんだけどな」と認識している限り、それはただの言葉になってしまいます。「未来に、自分は本当にいい人生を送っているんだ」という確信がなければ、効果はない、ということです。

なぜ私は「完了形」で神さまにお礼を言うのか

神社で願いごとをする際、私は、

「お聞きとどけのこと、ありがとうございました」

と言うようにしています。「神さまに願いがとどいた」と完了形で言うことにより、未来に本当に願いが叶うという方法です。

これは、神社という「次元が少し違う場所」で言うからこそ、未来を今にうまく持ってくることができるのです。願いごとは家でするより神社でするほうが、願いが叶いやすいのは、そのためなのかもしれません。

この未来の次元を現在に持ってくることにより願いを叶え、よい現象を起こそうとする方法は**「引き寄せの法則」**として知られています。実現した時の映像を思い描き、ワクワク感や感情も再現することで、未来という多次元の現実を今に再現して持ってくるという方法です。

潜在意識がきれいな人ほど「望む未来」を引き寄せる

「心で願うことはすべて実現する」とか「よいことを考えればよいことが起こる」といったスピリチュアルな世界のフレーズは、私たちに幸せな未来を想像させてくれます。実際に「引き寄せの法則」などで、望む未来を引き寄せている人もいることでしょう。

しかし、「表面的に願う」くらいでは、望む結果を引き寄せることはできないのです。

実は、**望む結果を引き寄せることができるのは、潜在意識がクリアリングされた人だけ。**ですから、そうでない人は、幸せな未来を想像しながら同時に潜在意識をクリアリングしていかなければなりません。

今、あなたに叶えたい夢があるのなら、今こそ不満や不安などを手放して潜在意識をクリアに整えていく時がきています。

魂を輝かせること、「引き寄せの法則」を意識しながら生きることで、徐々に潜在意識のクリアリングは進みます。この本でこれまで紹介してきたさまざまなワークや心の持ち方などをよい習慣だと思って、続けるとよいでしょう。

✦おわりに……「神人に近づくこと」を目指していきましょう

私はこの地球上が「清明な心」を持った人たちによる愛と感謝に満ちた世界になることを心から願っています。ですが一方で、そのような愛と希望の世界が一瞬で実現するとは思っていません。

「一瞬で叶う」と思うことこそが、「(自分ではない)誰かが、うまいことやってくれるだろう」という依存心と強欲のなせる業《わざ》だからです。

私たち一人ひとりが自分を深く見つめ、潜在意識をクリアにしていくこと。自分が求めるものが本当は何なのか、そして魂は何を求めているのかを意識して、一歩ずつ着実に生きていくこと。その先に、愛と感謝に満ちた世界は広がっているはずです。

愛と感謝で満たされた次元の世界をめざし、魂が成長を続けていくと、**神人《しんじん》に近**

づいていくと神道では言います。道教だと神仙ですね。

その昔、神仙は実在したといわれています。この状態になった人は、身も心も軽くなり、死んだ時には肉体が消えてしまうという逸話もあります。これは存在が軽やかだからです。

軽やかとは、肉体の細胞レベルで波動が変わっているということ。すでに物体としての重さがない、というような軽さです。鳥の上にも乗れるような神のごとき軽さを持っていて、肉体というものがなくなるわけです。

このような神人として亡くなると、すぐにまた生まれ変わるといわれます。もちろん宇宙に帰ってしまう魂もあるかもしれませんが、何かの理由で生まれ変わるとしたら、キリストのように三日で生まれ変わるというようなことになるのですね。

これは永遠の命を手に入れたこと、すなわち不死鳥のベンヌと同じで、死なないことと同じです。

この状態が、いわゆる「アセンション」という究極の状態です。

ここまでいくのは、かなりのハードルの高さですが、少なくとも、このような状態に少しでも近づきたいと思えたら、もう悩んだり、不安になったり、不幸を感じたりしている時間はもったいないないなと感じてきませんか？

真のアセンションを目指して、本当の意味で魂を意識して生きることができるようになると、「自分自身を生きている」状態といえるのだと思います。

「神さまに試されている」と思う気持ちから成長すると、「試練があるから成長できる」と感謝できるようになります。神さまに近づけるという実感にもなります。

あなたに変化はありましたか。

最後まで読んでいただきまして、ありがとうございました。

暁 玲華

本書は、本文庫のために書き下ろされたものです。

神《かみ》さまとつながる開運《かいうん》の作法《さほう》

著者　暁　玲華（あかつき・れいか）

発行者　押鐘太陽

発行所　株式会社三笠書房

〒102-0072 東京都千代田区飯田橋3-3-1

電話　03-5226-5734（営業部）　03-5226-5731（編集部）

https://www.mikasashobo.co.jp

印刷　誠宏印刷

製本　ナショナル製本

©Reika Akatsuki, Printed in Japan　ISBN978-4-8379-3013-6　C0130

王様文庫

王様文庫

眠れないほど面白い『古事記』

由良弥生

意外な展開の連続で目が離せない！「大人の神話集」！●【天上界vs.地上界】出雲の神々が立てた〝お色気大作戦〟●【恐妻家】嫉妬深い妻から逃れようと〝家出した〟神様●【日本版シンデレラ】牛飼いに身をやつした皇子たちの成功物語……読み始めたらもう、やめられない！

眠れないほどおもしろい「密教」の謎

並木伸一郎

弘法大師・空海の息吹が伝わる東寺・国宝「両界曼荼羅図」のカラー口絵つき！ 真言、印、護摩修法、即身成仏……なぜ「神通力」が身についてしまうのか？ 密教の「不可思議な世界」を堪能する本！「呪術・愛欲の力」さえ飲み込む驚異の神秘体系をわかりやすく解説！

眠れないほどおもしろい吾妻鏡

板野博行

北条氏が脚色した鎌倉幕府の公式レポート！ ◇源頼朝は「後顧の憂い」を絶ったはずだったのに…… ◇最強上皇・後鳥羽院が「承久の乱」に負けた理由 ◇尼将軍・北条政子は「女スパイ」⁉ ◇鎌倉殿の十三人――最後に笑ったのは？ 超ド級の権力闘争を描いた歴史スペクタクル！

K30576